부글부글 땅속의 비밀
화산과 지진

"우르르 쾅쾅! 부글부글."
지구가 생긴 뒤 수많은 화산이 폭발했어.
땅에서도 바다에서도 화산이 폭발하면서 크고 작은 산과 섬이 만들어졌지.

그런데 만약 지금까지 한 번도 화산이 폭발하지 않았다면, 지구는 어떻게 되었을까?

어쩌면 생명체가 살 수 없는 곳이 될지도 몰라

화산은 지구 속에 있는 뜨거운 열을 내보내는 일종의 통로야.
그런데 화산이 폭발하지 않으면 열을 내보내지 못해서
지구 속은 계속 뜨거워질 거야. 그렇게 오랜 세월 동안 지구 속이
계속 뜨거워지면 지구 표면이 태양처럼 타오르거나
지구가 한순간에 펑 하고 폭발해 버릴 수도 있어.
결국 지구는 생명체가 살 수 없는 곳이 되겠지.

웅진 주니어

야무진 과학씨 4 **부글부글 땅속의 비밀, 화산과 지진**

초판 1쇄 발행 2010년 10월 29일 | **초판 35쇄 발행** 2024년 9월 19일

글 함석진, 신현정 | **그림** 이경국 | **감수** 윤성효 | **기획** 아우라

발행인 이봉주 | **콘텐츠개발본부장** 안경숙 | **편집** 아우라(김수현 이혜영 이민화 조승현), 이유선
디자인 인앤아웃(김화정 김미선) | **마케팅** 정지운, 박현아, 원숙영, 김지윤, 황지영 | **제작** 신홍섭

펴낸곳 (주)웅진씽크빅 | **주소** 경기도 파주시 회동길 20 (우)10881
문의전화 (031)956-7523(편집), (031)956-7569, 7570(마케팅)
홈페이지 www.wjjunior.co.kr | **블로그** blog.naver.com/wj_junior | **페이스북** facebook.com/wjbook | **트위터** @new_wjjr
인스타그램 @woongjin_junior | **출판신고** 1980년 3월 29일 제406-2007-00046호 | **제조국** 대한민국 | **사용 연령** 7세 이상

ⓒ 함석진, 신현정 2010 (저작권자와 맺은 특약에 따라 검인을 생략합니다.)
ISBN 978-89-01-11411-8 74400 / 978-89-01-10292-4 (세트)

웅진주니어는 (주)웅진씽크빅의 유아·아동·청소년 도서 브랜드입니다.
이 책은 저작권법에 따라 보호받는 저작물이므로 무단전재와 무단복제를 금지하며
이 책 내용의 전부 또는 일부를 이용하려면 반드시 저작권자와 (주)웅진씽크빅의 서면 동의를 받아야 합니다.

잘못 만들어진 책은 바꾸어 드립니다.
※주의 1_책 모서리가 날카로워 다칠 수 있으니 사람을 향해 던지거나 떨어뜨리지 마십시오.
       2_보관 시 직사광선이나 습기 찬 곳은 피해 주십시오.

부글부글 땅속의 비밀
화산과 지진

글 함석진·신현정 그림 이경국 감수 윤성효

웅진주니어

야무진 과학씨, 마그마로 변신!

안녕? 나는 매그야! 뜨겁고 변화무쌍한 마그마란다.
내가 땅 밖으로 나오면 불길이 치솟으며
화산이 폭발하고 지진도 일어나.
사람들은 화산과 지진을 무서워하지만
화산과 지진은 지구의 자연 현상일 뿐이야.
화산과 지진에 대해 정확히 알면
내가 살고 있는 지구를 잘 이해하고
화산과 지진을 대비할 수 있지.
자, 나와 함께 지구 여행을 떠나 볼까?

차례

지구 속에는 무엇이 있을까?

16 _ 나는 뜨거운 여행자, 마그마!

18 _ 지구의 속 모양

20 _ 지구는 커다란 퍼즐

25 _ 끼리끼리 모여 있는 화산과 지진

27 _ 화산과 지진이 일어나는 곳

땅이 갈라진다!

32 _ 지진이 뭘까?

38 _ 지진이 만드는 거대한 파도

43 _ 누가 누가 더 큰가?

마그마, 땅 밖으로 출발!

48 _ 마그마의 탄생
52 _ 부피가 커지는 마그마
54 _ 물속에서 폭발하는 화산
56 _ 물 위로 폭발하는 화산
58 _ 화산재와 화산 암석 조각
62 _ 흘러나오는 용암

화산이 생겼어!

68 _ 화산 작품 완성!
72 _ 제각각 다르게 생긴 화산
76 _ 뜨거운 열점

화산과 지진도 쓸모가 있어!

80 _ 마그마와 지하수의 만남, 온천
84 _ 마그마가 만든 화산섬
87 _ 마그마의 선물, 지열 에너지
91 _ 지진파로 지구 속 모양 알기
94 _ 화산·지진과 함께 살아가기

100 _ 마치며
102 _ 야무진 백과
106 _ 작가의 말

지구 속에는 무엇이 있을까?

지구 속은 어떤 모습일까? 또 무슨 일이 벌어지고 있을까?
지구 속은 사람들이 직접 보거나 만질 수가 없어서
그 모습을 알기가 어려워.
하지만 걱정하지 마. 나, 매그가 지구 속으로 안내해 줄게.
지구 속은 내가 사는 곳이니 누구도 나만큼 알지 못하거든.
나만 믿고 따라와 볼래?

나는 뜨거운 여행자, 마그마!

내 입으로 말하기는 좀 쑥스럽지만, 나는 이미 텔레비전과 영화에 여러 번 출연한 슈퍼스타야! 땅이 무섭게 갈라지고 화산이 폭발하는 재난 영화에는 내가 꼭 나오거든. 땅속 깊은 곳에 있는 빨갛고 뜨거운 액체, 그게 바로 나 매그야! 내가 마그마란 건 이미 알고 있지?

우리 마그마는 땅속에서 암석이 녹아서 만들어져.

우리는 땅속에서 부글부글 끓으면서 언제쯤 땅 밖으로 나갈까 기회만 노리고 있지. 그럼, 이제 지구 속 여행을 시작해 볼까?

지구의 속 모양

지구 속은 크게 4개의 층으로 이루어져 있어.

지구의 가장 바깥 부분은 지각이라고 해. 그 안쪽으로 맨틀, 외핵, 내핵이 차례로 있어.

지각은 사과 껍질처럼 지구를 싸고 있는 부분이야. 사람들은 지각 위에 집을 짓고 살아. 그리고 나는 지각 아래 맨틀에서 살지. 맨틀에 있다가 화산이 폭발할 때 지각 밖으로 나오는 거야.

맨틀은 지구에서 가장 두꺼운 부분으로 지구 부피의 약 80퍼센트나 차지해. 맨틀은 무거운 암석으로 이루어져 있어. 그리고 고체 상태이지만, 매우 뜨거워서 마치 따뜻한 곳에 둔 엿처럼

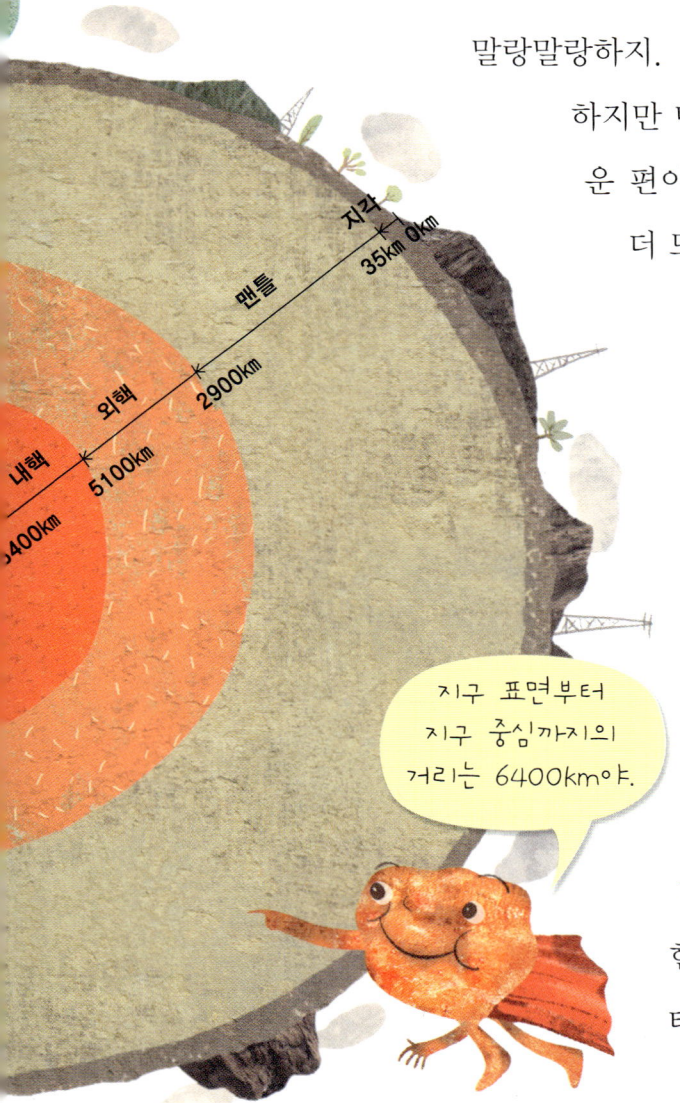

지구 표면부터 지구 중심까지의 거리는 6400km야.

말랑말랑하지.

하지만 맨틀은 외핵과 내핵에 비하면 추운 편이야. 지구 안쪽으로 들어갈수록 더 뜨거워지거든.

맨틀에서 안쪽으로 더 들어가면 핵이 나와. 핵은 맨틀과 달리 금속으로 이루어져 있어. 핵의 바깥 부분은 **외핵**으로, 철을 녹일 정도로 뜨거워. 그래서 액체 상태로 되어 있지.

외핵 안쪽에는 지구의 중심인 내핵이 있어. **내핵**은 고체 상태야. 외핵보다도 온도가 더 높지만 지각, 맨틀, 외핵이 강한 힘으로 누르고 있어서 고체 상태일 수밖에 없어.

지구는 커다란 퍼즐

자, 이것은 세계 지도야. 실제로 지구 표면은 이렇게 퍼즐처럼 여러 조각으로 나뉘어 있어. 그러니까 이 지도야말로 실제 지구 모습에 더 가까운 세계 지도라고 할 수 있지.

과학자들은 이 지도에 있는 조각 하나하나를 **판**이라고 불러.

즉, 지구 표면은 하나로 다 이어져 있지 않고, 크고 작은 여러 개의 판으로 이루어져 있어.

이제부터 판이 무엇인지 설명할 테니 잘 들어 봐. 지각 아래에

있는 맨틀이 물렁물렁한 고체라는 것 기억하지? 그런데 맨틀은 윗부분이 아랫부분보다 조금 더 딱딱해. 맨틀의 딱딱한 윗부분과 지각을 합친 것이 바로 판이야. 한마디로 지구의 겉은 물렁한 맨틀 위에 딱딱한 판이 붙어 있어.

신기하게도 판은 가만히 있지 않고 계속 움직이고 있어. 판이 움직이는 이유는 맨틀의 대류 현상 때문이야. **대류**란 물질이 따뜻해지면 가벼워져서 위로 올라가고, 차가워지면 무거워져 아래로

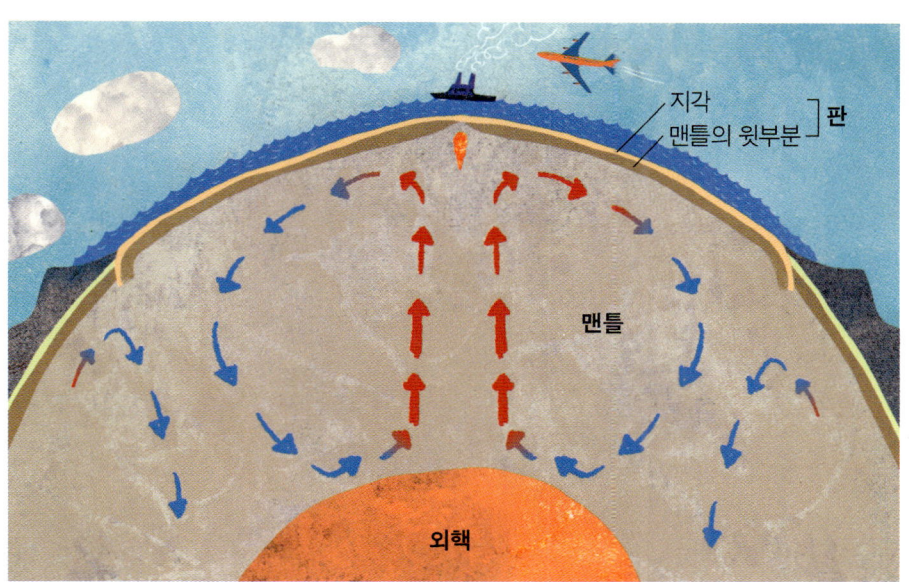

내려가는 현상이지. 맨틀에서는 이러한 대류 현상이 일어나.

맨틀의 아랫부분에 있는 물질이 뜨거워지면 위로 올라가고, 위로 올라온 물질은 옆으로 퍼지다가 점점 식으면서 다시 아래로 내려가. 이렇게 물질이 이동할 때 맨틀 위에 있는 판도 함께 움직이는 거야. 그럼 이런 현상을 간단한 실험으로 확인해 볼까?

맨틀의 대류 현상을 관찰하기

준비할 것이야.

넓고 투명한 냄비, 물, 납작한 나무 조각 2개, 가스레인지

잠깐!
가스레인지를 사용할 때는 위험하니까 어른과 함께하도록 해!

이렇게 실험해 봐.

1. 냄비에 물을 담아. 끓어 넘치지 않도록 3분의 2 정도만 채워.
2. 가스레인지 위에 냄비를 올려놓고 가열해. 이때 가스레인지의 불이 냄비 바닥의 가운데 부분에 닿도록 해! 그러니까 되도록 넓은 냄비를 사용하는 것이 좋아.
3. 물이 따뜻해지면 냄비 가운데에 나무 조각 2개를 띄우고, 나무 조각을 서로 가까이 붙여 놓아 봐.

이렇게 될 거야.

가운데에 띄워 놓은 나무 조각들이 모두 냄비 가장자리로 움직여. 다시 가까이 붙여 놓아도 나무 조각들은 금세 서로 떨어져 냄비 가장자리로 움직여.

왜 이런 일이 일어날까?

물의 대류 현상 때문이야. 냄비 가운데 부분을 가열하면 뜨거워진 물이 위로 올라가서 옆으로 움직여. 그럼 위에 있던 차가운 물이 내려가면서 뜨거운 물이

있던 자리를 채워. 물은 온도가 같아질 때까지 계속 위아래로 움직여. 이러한 물의 움직임을 따라 나무 조각도 가운데에서 가장자리로 움직이는 거야.

여기서 물은 맨틀과 같고, 나무 조각은 맨틀 위에 있는 판과 같아. 이제 맨틀의 대류 현상에 의해 판이 움직이는 원리를 알 수 있겠지!

판이 이동하는 속도는 1년에 평균 3센티미터로 매우 느려. 손톱이 자라는 속도와 비슷해. 그러므로 평소에는 판이 움직이는 것을 전혀 느낄 수 없지. 하지만 때로는 사람들이 판의 움직임을 느낄 수 있어. 바로 화산과 지진이 일어날 때야. 화산과 지진은 판의 움직임과 관련이 있거든.

왜 그런지 알아볼까? 그러려면 판이 움직이는 곳으로 가야 해. 바로 판과 판이 서로 만나는 곳이야.

끼리끼리 모여 있는 화산과 지진

잠깐, 그 전에 지구의 비밀을 먼저 알려 줄게! 뭐냐 하면, 화산과 지진이 자주 일어나는 나라는 따로 있단다. 그러니까 그곳에 살지 않으면 화산과 지진을 만날 일은 거의 없지. 하지만 일본처럼 화산과 지진이 자주 일어나는 나라는 사정이 달라. 1년에도 수백 번씩 크고 작은 지진이 발생해.

그런데 왜 화산과 지진이 잘 발생하는 곳이 따로 있을까? 지진과 화산이 많이 일어나는 곳을 세계 지도에 표시해 보면 그 이유를 알 수 있어. 26쪽의 세계 지도를 보렴. 화산과 지진이 많이 일어나는 곳을 이어 보니 고리 모양이 되었지? 이 고리 위에 있는 지역에서 세계 화산의 60퍼센트, 지진의 80퍼센트 이상이 일어나.

화산과 지진이 많이 일어나는 이 지역을 **불의 고리** 또는 **환태평양 지진대**라고 불러. 환태평양 지진대는 태평양을 빙 둘러싸면서 지진이 많이 발생하는 곳을 말하는 거야.

그런데 불의 고리를 어디에서 본 것 같지 않니? 그래, 맞아! 불의 고리는 판들의 경계와 겹쳐져. 즉 판과 판이 만나는 경계 부분에서 화산과 지진이 많이 일어난다는 말이야.

화산과 지진이 많이 일어나는 지역

불의 고리

▲ 화산과 지진이 많이 일어나는 곳

화산과 지진은 판과 판이 서로 만나는 경계 부분에서 주로 일어나.

이것이 우연의 일치일까? 물론 그렇지 않아. 판과 판의 경계 부분에서는 판들이 서로 충돌하거나 멀어지기 때문에 화산과 지진이 많이 일어나는 거야.

화산과 지진이 일어나는 곳

맨틀의 대류에 의해 판이 움직인다는 사실, 기억하지? 판은 아주 천천히 조금씩 움직이지만, 판이 움직일 때다다 엄청난 일이 일어나. 판과 판이 서로 멀어지거나 충돌하는 경계 부분에서 화산과 지진이 일어나거든.

좀 더 자세히 알려 줄게. 판과 판이 충돌하는 곳에서는 약한 부분이 뚝 부러지면서 땅이 흔들려. 이게 바로 지진이야. 그러고도 두 판이 계속 맞서면 결국에는 무거운 판이 가벼운 판 아래로 내려가기 시작해. 땅속으로 판이 내려가면 무거운 판 위쪽의 맨틀이 녹으면서 우리 마그마를 만들어. 무거운 판이 계속 아래로 내려가면서 마그마가 많이 만들어지면 마그마가 모이고 모여 마침내 화산으로 폭발하지.

이번에는 판이 서로 멀어지는 곳을 볼까? 판과 판이 멀어지는 곳에서는 맨틀 아래쪽에서 뜨거워진 물질이 쉽게 올라와. 바로 맨틀의 대류 때문이야. 맨틀 물질이 위로 올라오면서 판들을 양옆으로 움직이게 해. 이렇게 판들이 서로 멀어지면 지각에 틈이 생기고, 이 틈으로 마그마가 올라와 화산이 폭발하는 거야.

그리고 판들이 양옆으로 멀어지면서 땅이 갈라지고 흔들려서 지진이 일어나지. 그러니까 판의 경계에서는 이래저래 화산과 지진이 많이 일어날 수밖에 없는 거야.

쿵! 쿠웅~

이 소리 들리니? 판들이 서로 부딪치고 있나 봐. 무슨 일이 벌어지는지 빨리 가 보자!

[화산과 지진이 많이 일어나는 곳]

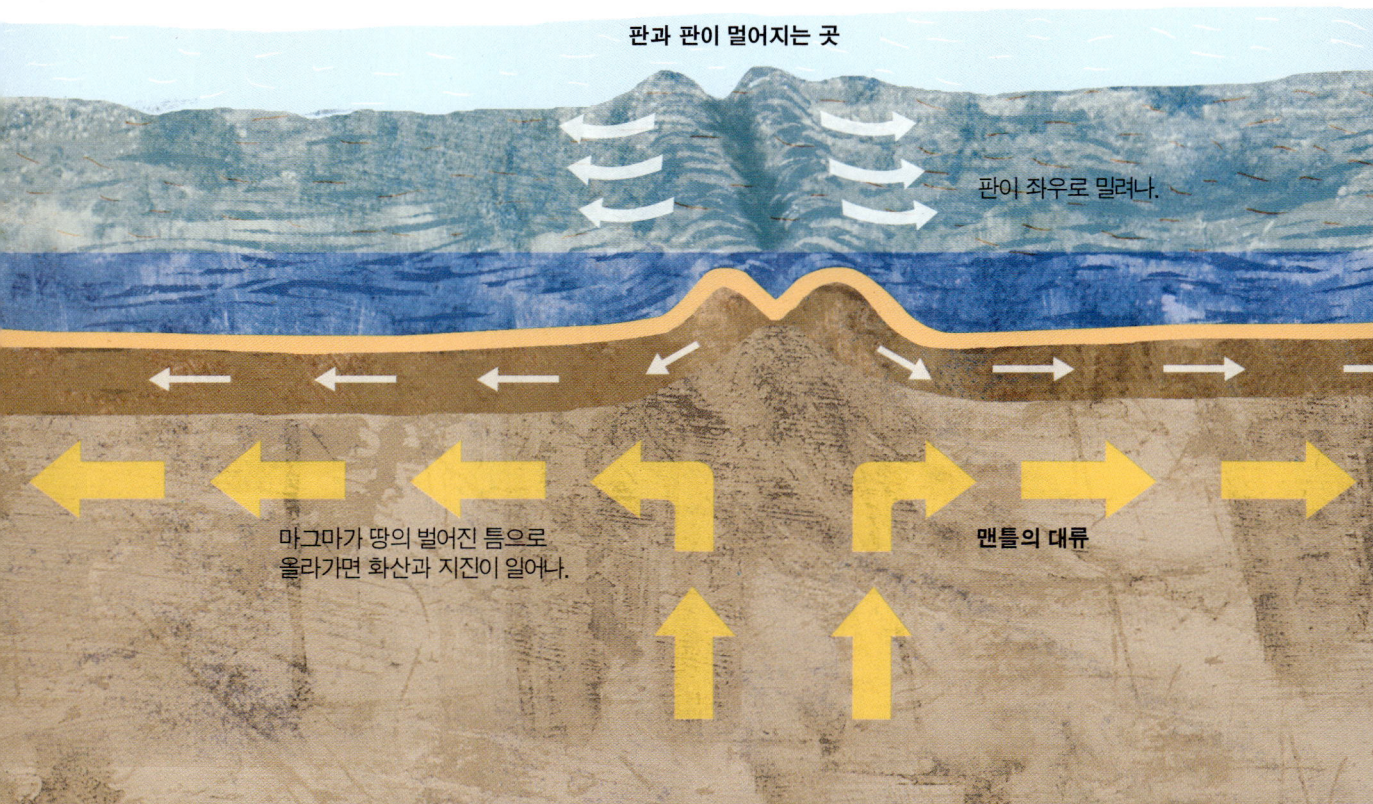

땅이 갈라진다!

땅이 갑자기 흔들려. 지진이 일어났어.
도로가 끊어지고, 집도 무너지고,
사람들은 정신없이 도망가.
그래, 지진이 일어나면 세상은 아수라장이 돼.
지진은 사람에게 피해만 주는 자연재해일까?

지진이 뭘까?

우르르르릉 콰 쾅!

1556년 1월 중국의 산시 성에서 최악의 지진이 일어났어. 중국에 사는 모든 사람들이 진동을 느꼈고, 약 83만 명이 사망했다고 해. 산시 성 전체 인구의 60퍼센트, 즉 10명 중 6명이 사망한 셈이야. 산시 성 지진은 지금까지 일어난 지진 중 가장 피해가 컸어.

그런데 이렇게 지진이 일어날 때마다 옛날 사람들은 신이 화가 나서 사람들에게 벌을 내리는 거라고 생각하기도 했고, 불길한 일이 일어날 징조라고 생각하기도 했어. 또는 실제 존재하지도 않는 상상의 동물이나 엄청나게 큰 동물이 땅을 흔든다고도 생각했지. 거대한 땅덩어리를 움직이는 힘을 설명하다 보니 환상적인 이야기를 할 수밖에 없었던 거야.

지진은 지구가 왕성하게 활동하기 때문에 일어나는 자연 현상일 뿐이야. 신이 내리는 벌도 아니고, 불길한 징조도 아니란다. 지진이 무엇인지, 왜 일어나는지를 알면 지진을 대비할 수 있지. 지금부터 나, 매그와 함께 지진에 대해 알아보기로 해.

옛날 사람들은 지진을 이렇게 생각했대!

중국 사람들은 용이 몸을 흔들면 지진이 일어난다고 생각했어.

아메리카 인디언은 거북이 걸으면서 땅을 흔들어서 지진이 일어난다고 생각했지.

인도에서는 뱀이 하품을 하면 지진이 일어난다고 생각했어.

모두 틀렸어! 지진은 판과 판이 부딪치면서 일어나.

저기 좀 봐! 육지를 이루는 대륙판과 대륙판이 충돌하고 있어. 마치 힘겨루기를 하는 것 같지? 옆으로 움직이던 맨틀의 물질이 만나면서 아래로 내려가는 곳이라 그래.

판은 맨틀을 따라 움직여. 양쪽에서 판을 계속 밀기 때문에 판의 경계 부분이 휘면서 위로 솟아올랐어. 양쪽에서 미는 힘이 점점 더 세지고 있어. 뭔가 큰일이 벌어질 것 같아.

쾅, 쾅! 마침내 한쪽 땅이 끊어지고 말았어. 땅이 끊어지면 엄청난 흔들림, 즉 진동이 생겨. 진동은 주변으로 퍼지면서 땅을 흔들

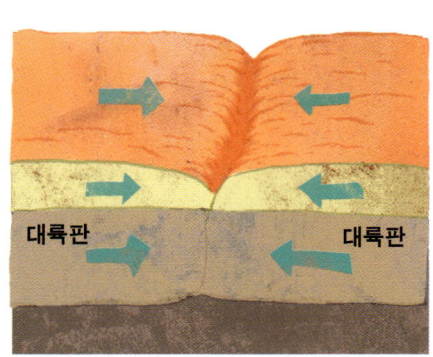

판의 경계에서 대륙판과 대륙판이 서로 충돌해.

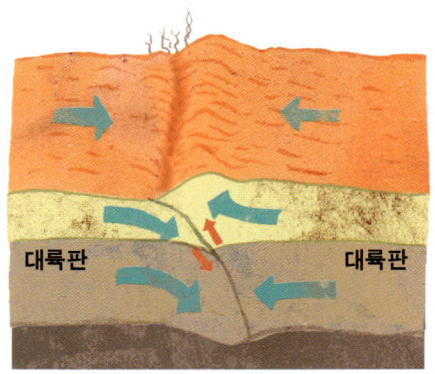

대륙판 하나가 다른 대륙판 밑으로 파고들면 위쪽의 땅이 볼록하게 솟아오르면서 조금씩 땅이 흔들려.

지. 가만히 서 있지 못할 정도로 땅이 엄청나게 흔들려.

이렇게 땅이 갈라지고 끊어지면서 흔들리는 것이 바로 지진이야!

히말라야 산맥은 두 대륙판이 서로 충돌해서 만들어진 산맥이야. 히말라야 산맥에는 세계에서 가장 높은 에베레스트 산이 있지.

사실 우리 마그마도 가끔 지진을 일으켜. 땅속에 있던 우리가 지각을 뚫고 솟구쳐 오를 때 땅이 흔들리거든. 하지만

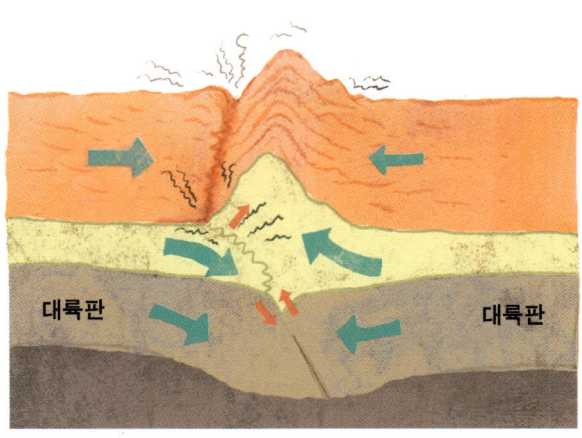

이렇게 과자가 쪼개지듯 땅이 끊어져.

대륙판이 다른 대륙판 아래로 더 많이 들어가. 그러면 위쪽의 땅이 많이 솟아오르면서 산맥을 만들고, 그러다 땅이 끊어지면서 큰 지진이 일어나.

우리가 일으키는 지진은 약해. 대부분의 지진은 판의 경계에서 생기고, 이런 지진이 훨씬 강하단다.

한국 시간으로 2010년 1월 13일 아이티에서 엄청난 지진이 발생했어. 아이티는 지진이 일어날 가능성이 아주 높은 나라야. 왜냐하면 2개의 판이 만나는 판의 경계 근처에 있거든. 이번 지진은 카리브판과 북아메리카판이 반대 방향으로 움직이면서 일어났어. 특히 수도인 포르토프랭스는 판의 경계 바로 위에 있어서 피해가 아주 컸지. 지진으로 20만 명이 죽고, 200만 명이 피해를 입었어. 아이티 인구가 약 900만 명이니까 인구의 약 4분의 1이 피해를 입은 거야.

지진이 일어나면 땅이 흔들리고, 땅 위의 모든 것도 흔들려. 그런데 지진은 땅만 흔들지 않아. 지진은 물도 흔들어 대지! 그럼 물이 흔들리면 어떤 일이 생길까?

지진이 만드는 거대한 파도

영화 <해운대>를 본 적 있니? 그 영화를 보면 일본의 대마도 근처에서 발생한 지진 때문에 파도가 생겨. 파도는 육지 쪽으로 이동하면서 점차 커지고, 부산에 닿을 때에는 엄청나게 큰 파도가 되어 바닷가의 건물과 사람들을 덮치지. 영화니까 다행이지 실제였으면 정말 끔찍했겠지?

사람들은 이렇게 거대한 파도를 **해일**이라고 불러. 특히 지진 때문에 발생한 해일은 **지진 해일**, 또는 **쓰나미**라고 부르지. 일본은 섬나라이므로 지진뿐만 아니라 지진 해일도 많이 일어나. 그래서 일본 말인 쓰나미가 전 세계에 퍼지게 되었어.

[지진 해일이 만들어지는 과정]

땅이 끊어지면서 한쪽이 위로 올라가면 큰 파도가 한 번 생겨.

물의 흔들림, 즉 파도가 사방으로 퍼져 나가.

파도가 퍼져 나가면서 폭은 좁아지고, 높이는 높아져.

지진이 해일을 만드는 과정을 말해 줄게. 판들이 움직이다 땅이 끊어지면 한쪽이 쑥 올라갈 때가 있어. 그러면 밀려 올라간 바닷물이 크게 한 번 출렁하면서 파도를 만들지. 그리고 파도는 주변으로 빠르게 전달되기 시작해.

파도가 바닷가에 다다를 때에는 엄청난 높이의 지진 해일이 돼.

육지에 가까워질수록 물의 깊이가 얕아지니까 파도의 높이는 점점 높아져.

깊은 바다에서는 물의 양이 많으니까 파도가 크지 않아. 하지만 파도는 육지 쪽으로 가면서 점점 커져. 육지와 가까워질수록 물의 깊이가 얕아져 물의 양은 적어지지만, 물을 흔드는 힘은 거의 그대로거든. 그래서 육지에 가까워질수록 파도가 위로 점점 높아지다가, 육지에 다다르면 아주 큰 파도가 만들어지는 거야.

지진 해일은 지진이 일으킨 파도가 육지 쪽으로 전달되면서 커진 거야.

2004년 인도네시아의 수마트라 섬 근처 바다에서 큰 지진이 발생했어. 지진 때문에 땅이 솟아오르면서 바다에서는 1미터 높이의 파도가 만들어졌지. 파도는 빠르게 퍼지면서 육지에 가까워질수록 커졌고, 수마트라 섬에 다다랐을 때에는 15미터 높이의 쓰나미가 되었어. 거대한 쓰나미 때문에 땅이 물에 잠겨 수마트라 섬의 모양이 바뀌고, 28만 명이나 되는 사람들이 사망했어.

이 일로 사람들은 지진도 위험하지만 지진 때문에 발생하는 지진 해일 역시 매우 위험하다는 것을 알게 되었어.

어때, 실험을 통해 지진 해일이 일어나는 원리를 알아볼까?

지진 해일을 만들기

준비할 것이야.

욕조, 물, 오이(가늘고 길수록 좋아.)

이렇게 실험해 봐.

1. 목욕탕의 욕조에 물을 받아. 목욕할 때 해도 좋겠지?

2. 물속에서 오이를 양손으로 밀어 봐. 이때 둘의 표면이 출렁이지 않도록 조심스럽게 밀어.

3. 오이가 위쪽으로 굽어 부러질 때까지 계속 힘을 줘.

이렇게 될 거야.

마침내 오이가 부러지면서 물이 위아래로 빠르게 흔들려. 그럼 오

이 주변의 물도 흔들리면서 물결을 만들고, 이 물결이 주변으로 퍼져 나가. 이때 욕조 벽에 부딪치는 물결은 처음 만들어진 것보다 훨씬 크게 위아래로 출렁거려.

왜 이런 일이 일어날까?

오이는 땅, 오이에 준 힘은 판을 미는 힘과 같아. 판을 미는 힘 때문에 땅이 끊어지듯이, 양쪽에서 힘을 주면 오이가 부러져. 오이가 부러지면서 생긴 흔들림이 물을 흔들고, 이 흔들림은 옆으로 옆으로 전달되지. 이렇게 물이 출렁거리는 것이 바로 파도야.

욕조 중간에서 만들어진 작은 파도가 점점 커지면서 욕조 구석까지 전달되듯, 바다 중간에서 만들어진 파도가 바닷가 가까이로 전달되면서 점점 커져 지진 해일이 돼.

쓰나미는 바다 밑에서 발생한 지진 때문에 생기는 커다란 해일이야. 그러니까 지진이 언제 일어날지 미리 알면 쓰나미가 언제 생길지도 알 수 있지. 그래서 과학자들은 지진을 예측하기 위해 많은 연구를 하고 있어.

누가 누가 더 큰가?

산시 성의 지진, 아이티의 지진 모두 큰 지진이야. 하지만 단순히 크다, 작다는 말로는 지진의 크기를 비교하기 어렵겠지? 그래서 과학자들은 지진의 세기를 재는 기준을 정했어.

지진의 세기는 규모와 진도로 나타내.

규모는 지진이 일어날 때 나온 에너지의 양이야. 그리고 **진도**는 사람의 느낌이나 땅 또는 건물의 피해를 기준으로 하여 숫자로 나타낸 거야. 진도는 나라마다 정하기 때문에 서로 조금씩 달라. 하지만 기준은 대개 비슷해. 대한민국에서는 **수정 메르칼리 진도**를 사용해서 지진의 세기를 12계급으로 구분해. 숫자가 클수록 지진의 크기가 세지.

그러나 같은 세기의 지진이라도 사람이 많이 살고, 약한 건물이 많은 곳에서 발생하면 피해가 크지만, 사람이 거의 살지 않거나 건물이 튼튼한 곳에서 발생하면 피해가 작단다. 그러니까 지진에 대비하려면 튼튼한 건물을 지어야 하는 거야.

[수정 메르칼리 진도 계급]

진도 1
아주 미세하게 흔들려서 진동을 거의 느끼지 못해.

진도 2
건물 높은 곳에 있는 몇몇 사람만 흔들림을 느낄 수 있어.

진도 3
매달린 물체가 약간 흔들려. 몇몇 사람만 흔들림을 느낄 수 있어.

진도 7
서 있기 어렵고, 약한 벽과 담장이 무너져.

진도 8
튼튼한 벽도 무너지고, 굴뚝과 탑도 무너져.

진도 9
땅이 갈라지고, 건물이 심하게 파괴돼.

진도 4
집 안의 물건이 흔들리고, 많은 사람들이 흔들림을 느낄 수 있어.

진도 5
건물 전체가 흔들리고, 집 안의 물건이 떨어져.

진도 6
모든 사람들이 알게 되고, 건물 벽에 금이 가고 똑바로 걷기 어려워.

진도 10
튼튼한 건물도 대부분 무너지고, 도로의 아스팔트가 갈라져.

진도 11
땅이 크게 갈라지고, 건물과 도로가 거의 다 파괴되며 다리가 무너져.

진도 12
땅이 파도처럼 움직이고, 모든 것이 파괴돼.

마그마, 땅 밖으로 출발!

땅속 깊은 곳에 있던 우리 마그마가 움직이기 시작했어.
마그마는 단단한 암석 틈을 지나 수십 킬로미터를 올라가.
마침내 마그마가 땅 밖으로 솟아오르면
커다란 소리와 함께 화산이 폭발해.
"쾅, 콰앙!"

마그마의 탄생

만약 네가 바닥에 엎드려 있는데, 친구들이 네 등 위로 올라가 누르면 어떤 느낌일까? 몸이 눌려 조금도 움직일 수 없겠지? 그렇게 누르는 힘을 **압력**이라고 해.

여기는 지하 100킬로미터 깊이의 맨틀 속이야. 이곳에서는 100킬로미터 두께의 무거운 돌덩이가 눌러 대고 있어 맨틀 덩어리는 꼼짝도 할 수 없어. 이곳의 압력은 네가 친구들 밑에 깔렸을 때 느끼는 것보다 엄청나게 높단다.

어? 잠깐! 뭔가 이상한 움직임이 있어. 뜨거운 열기가 느껴지고, 아래쪽에서 무엇인가가 움찔움찔하며 뜨거워진 맨틀 덩어리를 밀어 올려. 이 힘은 어디에서 온 걸까?

맨틀 아랫부분에는 다른 곳보다 뜨거운 곳이 몇 군데 있어. 여기서 올라오는 뜨거운 열에 데워진 맨틀 덩어리는 점점 가벼워지면서 위로 올라가. 이렇게 물질이 데워지면 가벼워져서 위로 올라가는 현상을 뭐라고 했지? 맞아, 대류 현상이라고 했어.

판 아래 있는 맨틀은 고체인데 어떻게 대류가 일어나느냐고? 그건 맨틀이 말랑말랑해서 고체라도 모양이 변할 수 있기 때문이야.

뜨거워진 맨틀 덩어리는 대류 현상 덕분에 서서히 위로 올라가기 시작해. 말랑말랑한 고체였던 맨틀 덩어리는 위로 올라갈수록 점점 더 녹아서 부드러운 상태로 변해. 그리고 마침내 완전히 녹아서 액체인 마그마가 되는 거야.

뜨거운 열에 의해 올라가던 맨틀 덩어리가 녹으면서 마그마가 만들어져.

마그마는 고체인 암석 사이를 지나 계속 천천히 위로 올라가. 고체에서 액체가 되면 부피가 약간 늘어나면서 가벼워지지. 그래서 액체인 마그마가 고체인 암석보다 가벼워서 쉽게 위로 올라가는 거야.

뜨거운 열 때문에 맨틀 덩어리가 녹아서 가벼워지면 위로 올라갈 수 있어.

위로 올라갈수록 압력이 낮아지기 때문에 맨틀 덩어리는 쉽게 위로 올라갈 수 있어.

여기서 잠깐! 그런데 우리 마그마는 성질이 조금씩 달라. 어떤 것은 끈적하고, 어떤 것은 덜 끈적하지. 끈적한 정도를 **점성**이라고 하는데, 녹은 암석의 종류에 따라 마그마의 점성이 달라지지.

마그마의 점성은 마그마의 움직임과 관계있어.

물엿과 물 중에서 어느 것이 더 빨리 흐를까? 맞아, 물이 더 빨리 흘러. 그래서 점성이 작은 마그마는 빨리, 점성이 큰 마그마는 느리게 올라가. 점성이 약한 마그마는 100킬로미터를 4일 만에 올라가지만, 점성이 강한 마그마는 100킬로미터를 2만 4천 년 동안 올라가기도 해. 올라가는 데 시간이 너무 오래 걸리면 중간에서 식어 버리기도 해. 그러면 딱딱한 암석이 되지.

내가 이야기하는 사이에도 우리 마그마는 열심히 열심히 위로 올라가고 있어. 마그마가 올라가는 이곳은 판과 판이 만나는 경계라서 땅이 갈라져 있어. 땅이 갈라진 곳은 약하기 때문에 비교적 올라가기 쉽지.

후유, 드디어 마그마가 지표면 바로 아래까지 올라왔어.

부피가 커지는 마그마

여기는 지표면 바로 아래야. 이제 맨틀에서 올라온 마그마들이 계속 모여 몸집이 꽤 커졌어. 마그마는 몸이 빵빵하게 부풀어 이리저리 들썩들썩해. 그건 바로 마그마 속에 녹아 있는 수증기 때문이야.

그런데 마그마 속의 수증기는 어디서 온 걸까? 마그마가 맨틀 속에 있을 때는 수증기가 별로 없었어. 그런데 마그마가 지각 쪽으로 올라올 때 암석 사이에 있던 물이 뜨거운 마그마 때문에 수증기로 변해 마그마 속에 녹은 거야. 마그마는 수증기가 많이 녹을수록 부피가 점점 커져.

마그마를 풍선이라고 생각해 봐. 풍선에 기체를 불어 넣으면 점점 커지지? 하지만 마그마 주변은 딱딱한 땅이기 때문에 마그마 속에 있는 수증기는 꽁꽁 갇혀서 "아이고, 딱딱해." 하며 들썩들썩하고만 있는 거야. 하지만 풍선을 계속 불면 어떻게 되지? 결국은 뺑 터지잖아. 마그마도 마찬가지야. 기체가 많아지면 자유롭게 움직이려는 기체의 힘을 버티기 힘들어져 결국 터질 수밖에 없어.

드디어 마그마가 나갈 곳을 찾았어. 바로 암석 사이의 틈이야.
곧 마그마가 땅 밖으로 나갈 거야. 자, 어서 마그마를 따라 나가자!

물속에서 폭발하는 화산

푸쉬, 푸쉬- 꾸르륵, 꾸르륵.

화산이 피시식 조그맣게 터졌어. 엄청난 화산 폭발을 기대한 건 아니겠지? 모든 화산이 영화처럼 무시무시하게 터지는 건 아니야. 화산의 80퍼센트는 이처럼 바다 밑에서 조용히 폭발해. 바다 밑 화산을 **해저 화산**이라 하는데, 해저 화산이 많이 모이면 해저 산맥, 즉 **해령**을 이루지.

바다 밑은 무척 차갑고, 물의 압력이 매우 커. 그래서 해저 화산은 위로 치솟으며 요란하게 폭발하지 못하고 아무도 모르게 조용히 폭발해. 해저 화산이 많은 이유는 앞에서 말했듯이 판과 판이

폭발과 함께 나오는 물질이 주변에 쌓이면서 화산이 점점 높아져.

갈라지는 판의 경계가 대부분 바다 밑에 있기 때문이야.

어, 또 화산이 폭발하고 있어. 그리고 화산이 폭발할 때 나오는 물질이 주변에 쌓이네. 그 뒤로도 화산은 여러 번 계속해서 폭발해. 그때마다 폭발하면서 나온 물질이 쌓여 화산은 점점 높아져.

드디어 물 밖으로 올라올 만큼 화산이 높아졌어. 조금 있으면 물 밖에서도 화산 폭발을 볼 수 있을 거야.

해저 화산이 점점 높아지다가 마침내 물 밖으로 화산이 폭발해.

물 위로 폭발하는 화산

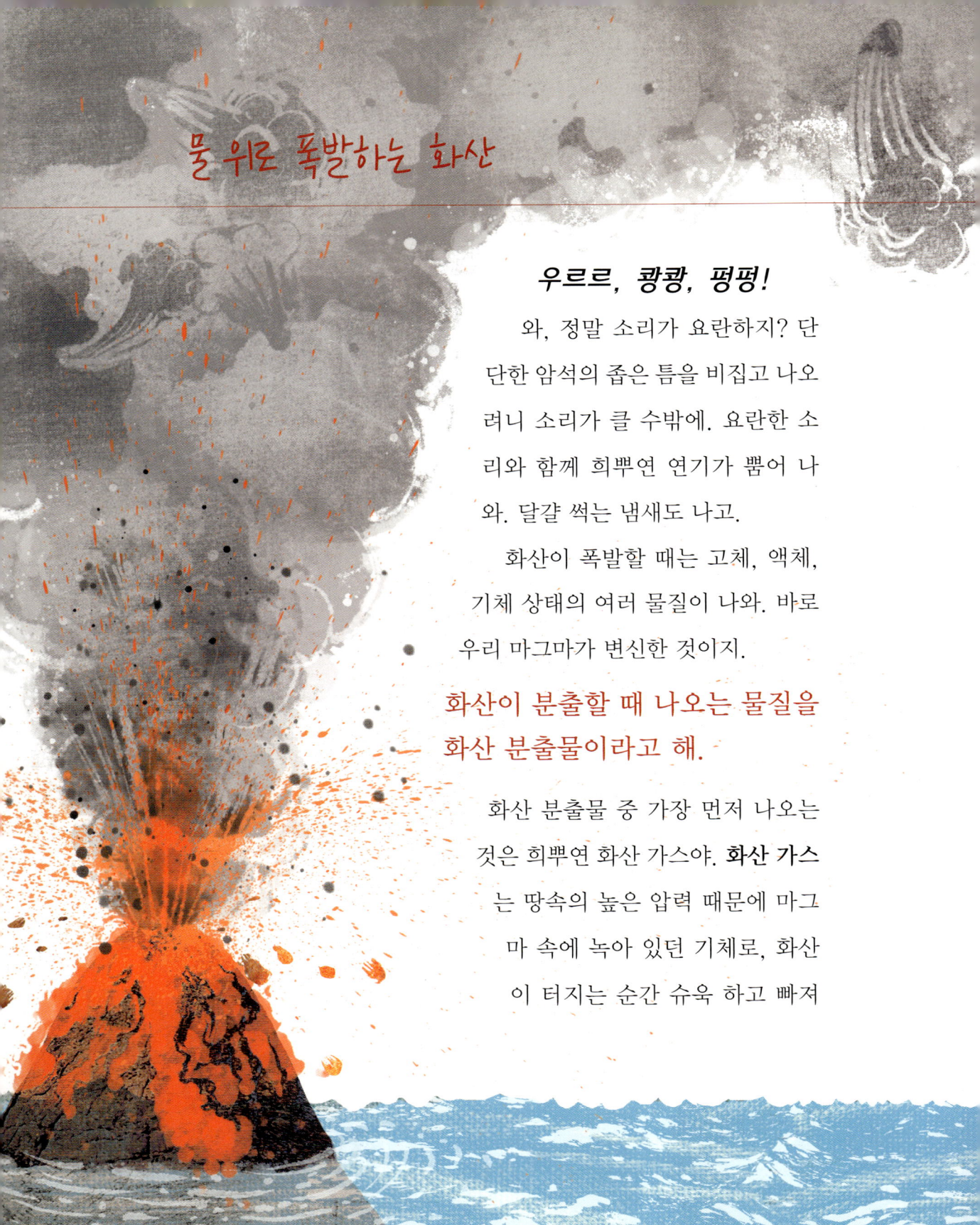

우르르, 쾅쾅, 펑펑!

와, 정말 소리가 요란하지? 단단한 암석의 좁은 틈을 비집고 나오려니 소리가 클 수밖에. 요란한 소리와 함께 희뿌연 연기가 뿜어 나와. 달걀 썩는 냄새도 나고.

화산이 폭발할 때는 고체, 액체, 기체 상태의 여러 물질이 나와. 바로 우리 마그마가 변신한 것이지.

화산이 분출할 때 나오는 물질을 화산 분출물이라고 해.

화산 분출물 중 가장 먼저 나오는 것은 희뿌연 화산 가스야. **화산 가스**는 땅속의 높은 압력 때문에 마그마 속에 녹아 있던 기체로, 화산이 터지는 순간 슈욱 하고 빠져

나와. 마치 사이다 병의 뚜껑을 열면 치익 하면서 뽀글뽀글 기포가 올라오는 것과 같아. 마그마가 땅 밖으로 올라오면 갑자기 압력이 낮아져서 마그마 속에 녹아 있던 화산 가스가 빠져나오는 거야.

화산 가스의 대부분은 수증기야. 그리고 이산화탄소, 이산화황, 수소, 황화수소 등이 들어 있어. 이산화황은 사람에게 해로우니까 화산 가스를 들이마시면 매우 위험해. 게다가 화산 가스는 온도가 섭씨 400도나 되니까 가까이에서 숨을 쉬면 큰일 날 거야.

이제 화산 가스와 함께 회색 연기가 하늘을 뒤덮고 있어. 회색 연기가 무엇일까 궁금하지? 어서, 가 보자. 우리 마그마는 변신의 천재거든!

화산 분출물

화산 가스 　　화산재 　　화산 암석 조각 　　용암

화산재와 화산 암석 조각

마그마가 있던 땅속에 비하면 땅 밖은 냉동실이나 다름없어. 땅속은 섭씨 600도가 넘지만, 땅 밖은 섭씨 50도를 넘기 힘들거든. 그래서 마그마는 땅 밖으로 나오면 순식간에 굳어 화산재와 크고 작은 화산 암석 조각으로 변해. 왜 우리가 변신의 천재인지 이제 알겠지?

화산재는 회색이고 알갱이의 크기가 아주 작아 재처럼 보여. 그리고 밀가루처럼 부드럽지. 앞에서 본 회색 연기는 화산 가스에 이런 화산재가 섞인 거야.

화산재는 아주 작아서 멀리까지 날아갈 수 있어. 10킬로미터 높이까지 올라가 구름을 만들어 바람을 타고 이동하다 눈처럼 떨어지지. 화산재 구름이 하늘을 덮으면 날씨가 흐려지고, 찐득찐득한 화산재 비로 내리기도 해. 가장 큰 문제는 화산재 구름이 햇빛을 가려서 기온을 떨어뜨리는 거야.

1815년 인도네시아에서 탐보라 산이 폭발했을 때 엄청나게 많은 양의 화산재가 솟아올라 구름을 만들었어. 화산재 구름 때문에 1816년 여름에는 추워서 긴팔 옷을 입어야 했고, 농작물이 잘 자라지 않아 전 세계의 많은 사람들이 굶어 죽었지. 이처럼 거대한

위로 솟아올라 구름을 만드는 화산재 　　순식간에 아래로 내려와 쌓이는 화산재

화산 폭발은 화산 근처뿐만 아니라 전 세계에 영향을 줄 수 있어.

때로는 화산재가 높이 올라가 구름을 만들지 않고 화산 주변에 빠르게 쌓이기도 해. 화산이 폭발할 때 갑자기 물질들이 솟아오르면서 아래로 향하는 강한 공기 흐름이 생기기 때문이지. 서너 시간 만에 10미터 두께의 화산재가 쌓이기도 해.

이 화산재 때문에 약 2천 년 전 이탈리아의 도시 폼페이가 사라졌어. 어마어마한 화산재가 순식간에 도시를 덮친 거야. 도망갈 겨를도 없이 모두 뜨거운 화산재에 파묻혀 죽었지.

어, 저기 좀 봐. 갑자기 화산재 사이로 크고 작은 돌이 피웅피웅 솟구쳐 올라오고 있어. 바로 화산 암석 조각이야.

화산 암석 조각은 크기에 따라 화산력, 화산암괴와 화산탄으로 나뉘어.

지름이 64밀리미터 이하인 것은 **화산력**, 64밀리미터 이상인 것 중에서 뾰족하게 각진 것은 **화산암괴**, 둥근 것은 **화산탄**이라고 해.

화산력을 자세히 보면 작은 구멍이 있어. 바로 화산 가스 때문이야. 화산이 폭발하면 압력이 낮아져서 마그마에 녹아 있던 화산 가스가 동그란 공기 방울을 만들어. 이 상태로 마그마가 굳은 다음 화산 가스가 빠져나가면서 암석에 구멍이 생겨. 이렇게 만들어진 화산력 중에는 구멍이 아주 많아 물에 뜰 정도로 가벼운 녀석도 있지.

화산탄은 폭발이 아주 강할 때 멀리까지 날아가서 콕콕 박혀. 날아가는 모습이 폭탄처럼 보여 화산탄이라 부르는 거야.

흘러나오는 용암

와, 드디어 시뻘건 액체가 땅 위로 흘러나와! 마치 검붉은 혓바닥이 날름대는 것 같아. 이것은 용암이야. 화산 가스가 빠져나간 마그마가 땅 밖으로 흘러나온 것을 **용암**이라고 해.

용암은 섭씨 800도가 넘어서 공기에 닿으면 겉이 딱딱하게 굳어. 하지만 안쪽은 딱딱하게 굳은 겉이 공기를 차단하므로 용암이 액체 상태로 계속 흐르게 돼. 그런데 안쪽에서 용암이 계속 흐르다 보면 딱딱하게 굳은 겉이 갈라져. 그러면 갈라진 사이로 용암이 드러나고, 드러난 용암의 겉이 또 굳고, 안쪽으로 용암이 흐르면서 겉이 또 갈라지지.

　용암이 흐르는 동안 이 과정이 반복되면서 용암은 천천히 식어. 그러다가 평평한 곳에 도착하거나 바다를 만나면 멈추게 된단다.

　이제 흘러나온 용암은 굳어서 암석이 될 거야. 그런데 용암이 굳어 만들어진 암석은 땅 위에서 갑자기 식으면서 굳었기 때문에 알갱이가 아주 작고 단단해. 그리고 화산 가스가 빠져나가서 구멍이 숭숭 뚫려 있어. 제주도 바닷가에서 쉽게 볼 수 있는 구멍

투성이 검은 돌인 현무암도 바로 용암이 굳은 돌이야. '현(玄)'은 검다는 뜻이지. 이번에는 우리 함께 현무암을 만들어 볼까? 석고 가루를 이용해 현무암을 만드는 방법을 알려 줄게.

마그마가 만든 암석, 현무암을 만들기

준비할 것이야.

석고 가루 3숟가락, 베이킹파우더 반 숟가락, 물 1숟가락, 먹물 약간, 식초 반 숟가락, 숟가락, 종이컵

이렇게 실험해 봐.

1. 종이컵에 물과 먹물을 담고, 석고 가루와 베이킹파우더를 넣은 다음, 잘 섞어서 석고 반죽을 만들어. 약간 뻑뻑한 정도가 좋아.

2. 석고 반죽에 식초를 넣고 잘 섞어. 그러고는 2~3시간 동안 가만히 놓아 둬.

이렇게 될 거야.

석고 반죽에 식초를 넣으면 거품이 부글부글 생겨. 그리고 석고 반죽을 굳히면 구멍이 송송 뚫린 석고 덩어리가 만들어지지.

왜 이런 일이 일어날까?

베이킹파우더와 식초가 만나면 이산화탄소가 만들어져. 그래서 거품이 생기는 거야. 이것은 화산이 폭발할 때 마그마 속에 들어 있는 화산 가스와 같아. 석고 반죽이 굳을 때 이산화탄소가 석고 반죽 속에서 빠져나오면서 구멍을 만드는 것처럼, 화산이 터지면 마그마 속의 화산 가스가 밖으로 빠져나와 구멍이 많은 현무암을 만드는 거야.

이제 화산 폭발에 대한 설명은 끝났어. 화산이 폭발하는 과정은 대부분 이와 비슷하지만, 마그마가 만든 화산의 모양은 다 달라. 이제부터는 우리가 만든 화산을 하나하나 뜯어보자고!

화산이 생겼어!

마그마가 솟구쳐 올라 폭발하면 화산이 만들어져.
커다란 화산, 조그만 화산, 뾰족한 화산, 넓적한 화산…….
우리가 만든 화산 중에는 똑같이 생긴 것이 하나도 없어.
화산의 모양이 모두 제각각인 이유를 알아볼까?

화산 작품 완성!

이 화산 좀 봐! 대단하지? 사실 화산에는 두 가지 뜻이 있어. 땅 속에 있던 마그마가 위로 솟아오르는 곳을 가리키기도 하고, 폭발하면서 나온 화산 분출물이 쌓여 만들어진 산을 말하기도 하지. 우리가 만든 화산은 모양도 크기도 제각각이야. 하지만 기본 구조는 모두 비슷해.

화산은 크게 화산 몸체, 마그마 방, 화도, 분화구, 2차 화산으로 이루어져 있어.

지표면 근처까지 올라온 마그마가 모여 있는 곳을 **마그마 방**이라고 불러. 화산이 폭발해도 마그마 방에는 마그마가 남아 있지. 마그마가 지나간 길은 **화도**, 그 끝에는 분화구가 있어. **분화구**는 화산 분출물이 빠져나온 구멍이지. 마그마가 변신한 화산 분출물은 분화구 주변에 쌓여 **화산 몸체**를 만들어. 화산 몸체는 보통 아이스크림콘을 엎어 놓은 것처럼 원뿔 모양으로 생겼지.

그리고 화산 몸체 옆으로 여드름같이 뽁뽁 올라온 작은 화산들이 있어. 이것을 **2차 화산**이라고 불러. 마그마 방에 있던 마그마 중 일부가 암석의 다른 틈새를 비집고 나가 작게 터져서 만든 것이야.

어떤 때는 폭발이 엄청나게 커서 마그마가 아주 많이 빠져나오기도 해. 그러면 밑에 빈 공간이 생겨서 분화구가 무너지게 돼. 구멍이 더 커지는 거야. 이것이 **칼데라**야. 칼데라에 빗물이 고이면 칼데라 호수가 되는데 백두산 천지가 바로 칼데라 호수란다.

화산이 한 번 폭발한다고 백두산같이 높은 산을 뚝딱 만드는 게 아니야. 대부분의 화산은 활동을 한 번 시작하면 몇 번씩 계속 폭발해. 분화구에서 나온 물질이 쌓이고 또 쌓여 화산이 쑥쑥 높아지지.

이번에 우리 마그마가 만든 화산을 생각해 봐. 처음에는 바다 밑에서 폭발했지만 결국 물 위로 올라올 만큼 커졌잖아. 화산섬이

칼데라 호수가 생기는 과정

큰 폭발이 일어나 분화구 안쪽에 빈 공간이 생겨.

분화구 근처의 땅이 무너져 움푹한 칼데라가 생겨.

칼데라에 물이 고이면 칼데라 호수가 돼.

바로 이렇게 만들어진 거야. 울릉도, 독도, 제주도 모두 우리 마그마가 만든 화산섬이야.

　울릉도랑 독도는 바다 밑 2천 미터 깊이에서 화산이 폭발하면서 만들어졌지. 물 위로 드러난 부분은 작지만 바다 밑에는 지름이 30킬로미터나 되는 거대한 화산 몸체가 있어.

　화산의 기본 구조는 비슷하지만 화산의 모양은 다 달라. 너도 네 친구들이랑 눈, 코, 입, 귀 모두 다르게 생겼잖아. 화산도 마찬가지야. 이 세상에 똑같은 모양의 화산은 하나도 없지. 그동안 우리가 만든 화산의 모양이 궁금하다고?
음, 뭐부터 소개할까?

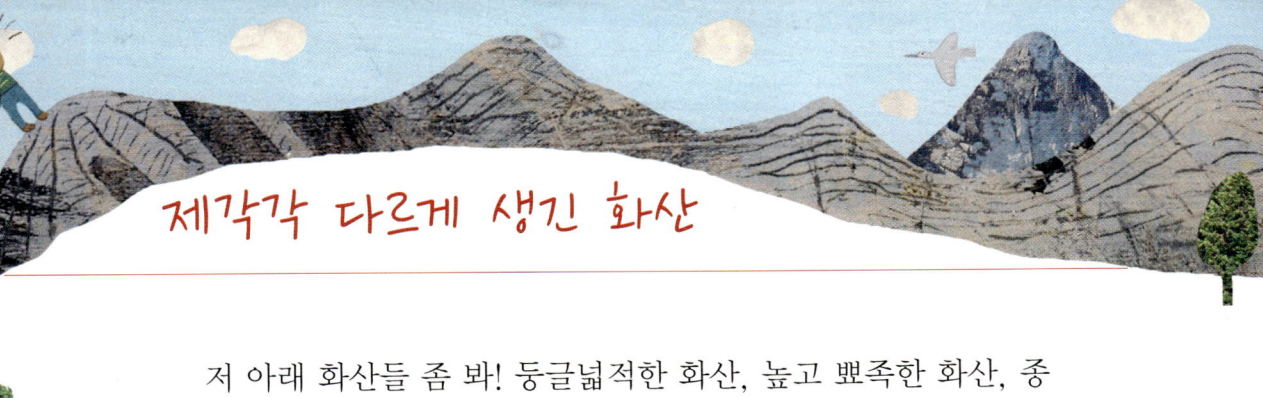

제각각 다르게 생긴 화산

저 아래 화산들 좀 봐! 둥글넓적한 화산, 높고 뾰족한 화산, 종 모양 화산. 모두 멋진 모양이야! 이 모든 게 우리가 만든 대표적인 화산들이야.

낮고 기울기가 완만한 화산은 **순상 화산**, 높고 가파른 화산은 **성층 화산**, 종 모양의 둥근 화산은 **종상 화산**이라 불러.

화산의 모양은 우리 마그마의 성질에 따라 달라져.

마그마는 어디에서 만들어지고, 어떤 암석 성분이 들어 있는지에 따라 성질이 달라지지. 현무암질 마그마는 점성이 약해 잘 흐르고, 유문암질 마그마와 안산암질 마그마는 점성이 강해 잘 흐르지 않아.

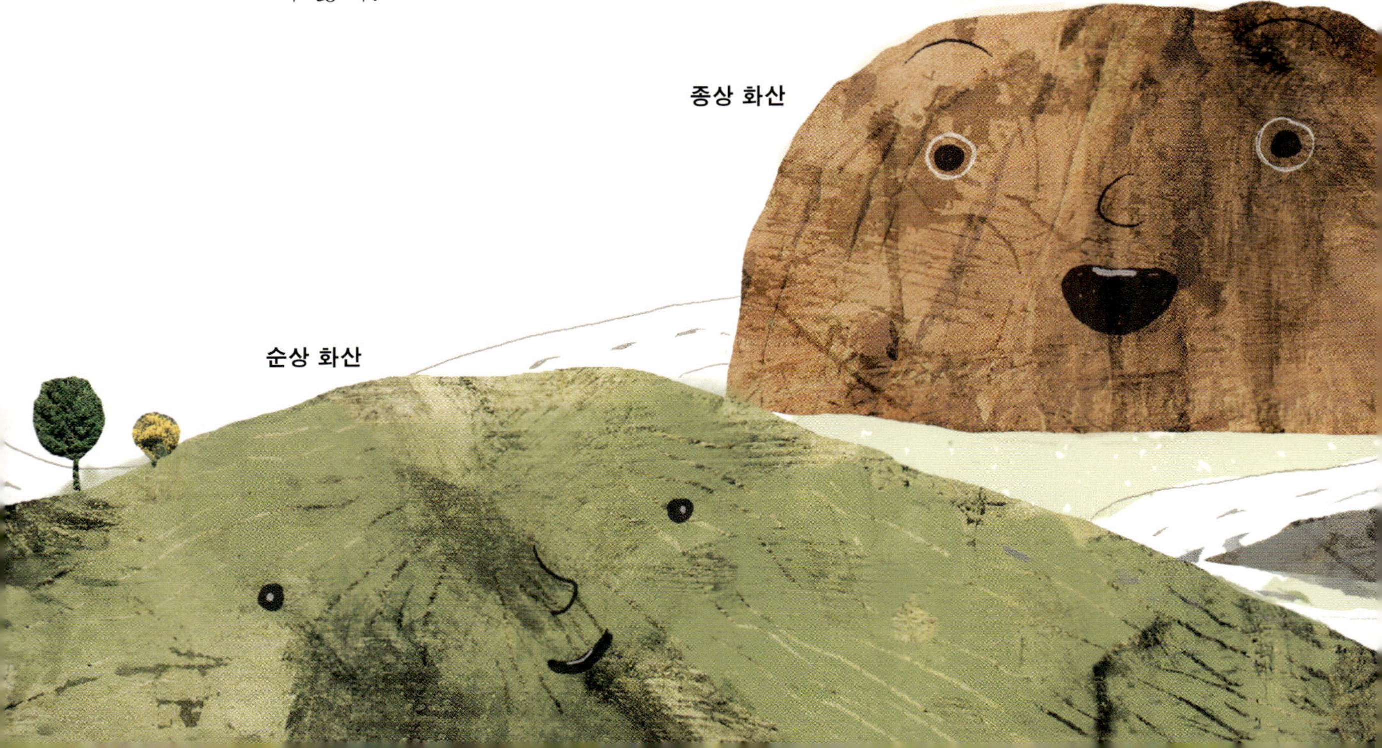

종상 화산

순상 화산

현무암질 마그마는 화산재와 화산 암석 조각이 적고 대부분 용암으로 흘러나와. 용암은 점성이 약해서 아주 빠르게 흐르면서 넓게 퍼져 화산을 만들지. 그래서 완만하고 높이가 낮은 순상 화산을 만들 수 있어. 순상 화산은 방패를 엎어 놓은 모양과 같아서 **방패형 화산**이라고도 해.

　유문암질 마그마나 안산암질 마그마는 점성이 강해서 화산재와 화산 암석 조각을 많이 뿜어내며 요란하게 폭발해. 하지만 용암은 끈적끈적해서 멀리 가지 못하고 화산 주위에 쌓이지. 이렇게 여러 번 폭발이 계속되면 화산이 점점 높아지고, 결국엔 가파르고 높은 성층 화산이 만들어져.

성층 화산

대한민국의 백두산, 일본의 후지 산을 비롯하여 전 세계 화산의 60퍼센트가 성층 화산이야. 후지 산은 일본에서 가장 높은 산으로, 우리 마그마가 천 년 동안 10번 넘게 폭발해서 만들어졌어.

종상 화산은 안산암질 마그마나 유문암질 마그마 중에서 엄청나게 끈적한 것이 만들어. 이렇게 점성이 강한 마그마에서 나온 용암은 분화구에서 나와 달팽이만큼 느리게 흐르다 굳어. 그러면 종 모양의 종상 화산이 만들어지지. 마치 케이크를 장식하는 생크림처럼 용암이 그 자리에서 그대로 굳어 버린 거야.

이렇게 생크림을 꾹 짜면 흐르지 않고 그대로 있잖아. 종상 화산도 이 생크림처럼 용암이 그 자리에 그대로 굳어 생긴 거야.

화산은 화산의 모양에 따라 구분하기도 하지만, 활동하고 있는가 아닌가에 따라서도 나뉘어. 즉 화산 아래 있는 우리 마그마가 활동하는지, 그렇지 않은지에 따라 나뉘는 셈이지.

예전에는 활동하고 있는 화산을 활화산, 쉬고 있는 화산을 휴화산, 활동하지 않는 화산을 사화산이라고 불렀어. 하지만 화산을 이렇게 분류하는 것이 어렵다는 것을 알았지. 휴화산이 언제까지 쉴지 아무도 알 수 없고, 사화산인 줄 알았던 화산이 폭발하기도 했거든.

그래서 이제는 화산을 활화산과 그렇지 않은 화산, 두 종류로 구분해.

활화산은 현재 마그마가 활동하는 화산뿐만 아니라, 과거 2천 년 동안 폭발한 기록이 있는 화산 가운데 폭발 가능성이 있는 화산을 말해.

하지만 우리 마그마를 너무 믿으면 안 돼. 미국 알래스카의 포피크드 화산은 오랫동안 화산 활동이 없었어. 하지만 1만 년 만인 2006년에 폭발했어. 그러니까 꺼진 마그마도 다시 봐야 해. 알았지?

뜨거운 열점

모든 화산이 판의 경계에서 폭발하지는 않아. 판의 한가운데 떡 하니 자리 잡은 화산도 많아. 그건 바로 열점 때문이야.

맨틀 아래쪽에는 다른 곳보다 뜨거운 곳이 몇 군데 있는데, 이곳을 **열점**이라 불러. 열점은 맨틀의 대류가 일어나는 곳과는 달라. 맨틀의 대류를 일으키는 곳은 넓지만, 열점은 마치 점을 콕 찍은 것처럼 아주 좁아.

일본은 판과 판의 경계 위에 있어서 지진과 화산 활동이 활발하지만, 대한민국은 판의 중간에 있어서 화산이 생기기 어려워. 그런데 제주도, 울릉도 같은 화산섬과 백두산, 한라산 같은 커다란 화산이 있단 말이지. 바로 대한민국이 있는 위치에 열점이 있기 때문에 가능한 일이야. 열점에서 뜨거워진 우리 마그마가 지각 위로 올라가면서 화산이 폭발한 거야.

하와이 역시 열점 위에 있기 때문에 화산이 폭발해서 만들어졌어. 하와이에서는 지금도 화산이 활동하고 있어. 그래서 만들어진 지 얼마 안 된 따끈따끈한 암석을 볼 수 있고, 운이 좋으면 지금 막 흘러나온 빨간 용암도 볼 수 있단다. 지금도 하와이 섬은 화산 활

지구에 있는 열점의 위치

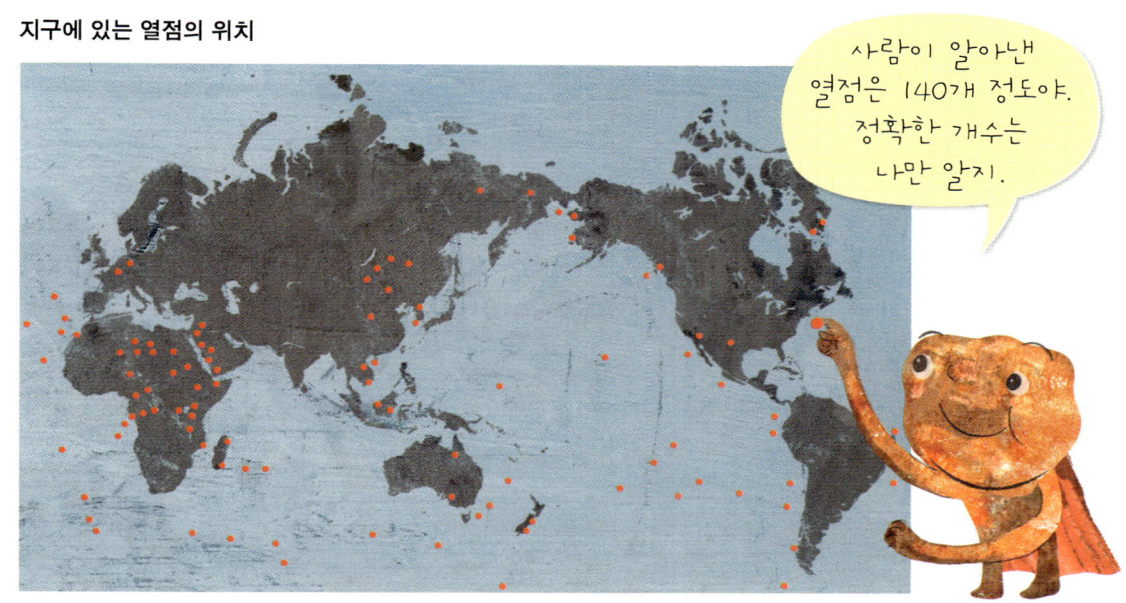

사람이 알아낸 열점은 140개 정도야. 정확한 개수는 나만 알지.

동이 계속되면서 조금씩 커지고 있어.

 우리 마그마는 뻥뻥 폭발해서 화산섬과 높은 화산을 만들고, 땅 모양도 바꿔. 하지만 화산을 보고 너무 겁먹지는 마. 화산은 사람들에게 필요한 여러 가지를 제공하거든. 그게 뭐냐고? 나를 계속 따라오면 모두 알 수 있어.

화산과 지진도 쓸모가 있어!

화산과 지진을 무서운 자연재해로만 생각하지 말아 줘.
사람들이 지구와 우리 마그마에 대해 잘 알게 되면
화산과 지진을 이용하며 슬기롭게 살아갈 수 있거든.
어떻게 하면 화산·지진과 함께 살 수 있을까?

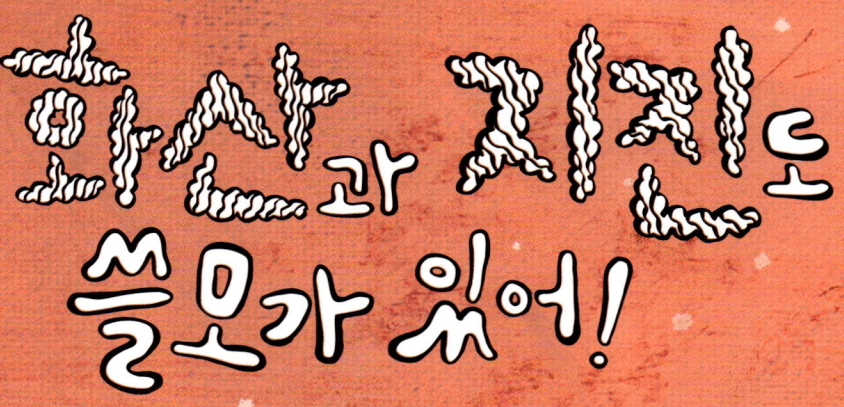

마그마와 지하수의 만남, 온천

우리 마그마가 폭발하면 화산, 화산섬 같은 관광지가 만들어지고, 따뜻한 온천도 생겨나. 뿐만 아니라 마그마의 뜨거운 열은 에너지로도 쓰이지. 먼저 추운 겨울에 인기 있는 관광지인 온천에 대해 이야기해 줄게.

온천은 우리 마그마가 만들어. 뜨거운 마그마와 물이 만났을 때 물이 수증기로 변해 마그마에 녹았던 것 기억하니? 반대로 마그마가 식으면 마그마에 녹아 있던 수증기가 다시 물이 돼. 뜨거운 물이라는 뜻에서 **열수**라고 부르지.

마그마 근처에 있는 지하수가 데워지거나, 마그마에서 나오는 뜨거운 열수가 지하수와 섞여 온천물이 만들어져. 땅속을 흐르는 **지하수**에는 여러 가지 광물질이 녹아 있기 때문에 온천물은 피부염과 관절염 등을 치료하는 데 도움이 되지.

온천은 화산 활동이 활발한 곳에 많아. 일본은 화산이 많은 만큼 온천도 많지. 미국에도 유명한 온천이 있어. 바로 옐로스톤 국립 공원이야. 수십만 년 전 우리 마그마가 옐로스톤 국립 공원에서 크게 폭발했어. 지금도 땅속에는 커다란 마그마 방이 있지.

우리 덕분에 옐로스톤 국립 공원에는 온천이 1만 개나 있어. 또 온천물이 섭씨 90도로 아주 뜨거워서 달걀쯤은 거뜬히 삶을 수 있지. 그중에서도 올드페이스풀(Old Faithful)이라는 간헐천이 가장 인기가 많아. **간헐천**은 뜨거운 물과 수증기가 일정한 시간 간격을 두고 분수처럼 하늘로 치솟는 온천을 말해.

그런데 어디는 그냥 온천이, 어디는 간헐천이 될까? 그것은 물이 나오는 구멍의 크기와 관계있어. 물이 나오는 구멍이 넓으면 온천이, 좁으면 간헐천이 돼. 고무호스로 물을 뿌릴 때를 생각해 봐. 호스를 눌러 구멍을 좁게 하면 물줄기가 세지지? 간헐천이 생기는 것도 같은 이치야.

온천과 간헐천 말고 증기 구멍도 있어. **증기 구멍(분기공)**은 땅속에 지하수가 부족해서 '푸우푸' 하면서 뜨거운 수증기만 나오는 거야. 지하수가 많으면 온천이 되었을 텐데 말이지.

이번엔 우리 마그마가 만든 화산섬의 멋진 풍경을 감상하러 가 보자. 슈웅!

마그마가 만든 화산섬

바다 밑에서 화산이 여러 번 폭발하면 화산섬이 만들어져. 화산섬은 독특한 화산 지형 때문에 관광지로 인기가 아주 많단다. 그중 한반도 남쪽에 있는 제주도를 예로 들어 알려 줄게.

제주도는 우리 마그마가 180만 년 전부터 만들기 시작한 화산섬이야. 우리가 180만 년 동안 계속 폭발하면서 화산 분출물이 쌓이고 또 쌓여 섬의 크기가 점점 커졌지. 섬 전체에서 크고 작은 화산 폭발이 여러 번 일어나 360여 개의 작은 화산, 즉 오름을 많이 만들었어. 지금으로부터 천 년 전까지 화산 폭발은 계속되었단다. 아마 먼 옛날 제주도에 살던 네 조상은 화산 폭발을 봤을 거야.

제주도는 섬 전체가 펑퍼짐한 모양의 순상 화산이야. 그건 제주도를 만든 게 주로 현무암질 마그마였기 때문이지. 그래서 제주도에는 까맣고 구멍이 많은 현무암이 특히 많아. 그리고 제주도 가운데에는 한라산이 볼록 솟아 있어. 한라산은 한반도에서 두 번째로 높은 산으로, 역시 낮고 완만한 순상 화산이야. 그리고 꼭대기에 있는 백록담은 분화구에 물이 고여 만들어진 호수지.

제주도에는 우리 마그마가 폭발해서 만든 특이한 화산 지형이 많아. 크고 작은 오름, 성산일출봉, 산방산, 주상절리, 용암 동굴……. 그중에서 가장 독특한 지형은 바로 용암 동굴이야. 우리 마그마가 얼마나 많이 분출했는지 알 수 있는 증거지.

용암 동굴은 화산이 폭발할 때 위쪽으로는 용암이 흐르면서 굳고, 굳은 용암 아래로 뜨거운 용암이 빠져나가면서 만들어졌어. 마

제주도의 화산 지형

용두암 용암이 흐르다가 바닷물을 만나 굳어진 바위로, 용 머리처럼 보여.

만장굴 화산이 폭발할 때 용암이 흘러가면서 만든 동굴이야.

백록담 / 오름 / 한라산 / 용천 동굴

성산일출봉 사발 모양의 분화구가 멋진 오름이야.

산방산 아주 끈적끈적한 용암이 만든 종상 화산이야.

주상절리 육각 기둥 모양의 돌이 절벽을 이루고 있어. 용암이 흐르다가 굳어서 만들어졌어.

치 커다란 뱀이 지나간 것처럼 벽면이 매끈해.

　제주도에는 120여 개의 용암 동굴이 있는데, 세계적으로 이렇게 용암 동굴이 많은 곳은 드물어. 커다란 만장굴, 커다란 호수가 있는 용천 동굴 등이 모두 우리 마그마의 소중한 작품이야.

　제주도는 다양한 화산 지형을 볼 수 있는 화산 박물관이야. 그래서 한라산 정상부, 만장굴을 포함한 거문오름 용암 동굴계, 성산일출봉이 유네스코 세계 자연 유산으로 지정되었지! 또 2010년 10월 제주도의 9곳이 세계 지질 공원으로 인정되었어. 1년에 수백만 명이 방문하는 하와이처럼 제주도도 머지않아 곧 세계적인 관광지가 될 거야.

마그마의 선물, 지열 에너지

어때? 우리 마그마가 사람들에게 어떤 영향을 미치는지 실감 나니? 우리를 잘 이용하면 새로운 에너지도 얻을 수 있어. 그동안 사람들은 석탄이나 석유 같은 화석 연료를 많이 사용했어. 그런데 화석 연료는 한 번 쓰면 없어져서 언젠가는 다 쓸 수밖에 없잖아. 게다가 화석 연료를 태울 때 나오는 해로운 가스는 공기를 오염시키지.

화석 연료의 이러한 문제 때문에 사람들은 새로운 에너지를 찾고 있다지? 아무리 써도 없어지지 않고, 해로운 물질도 나오지 않는 깨끗한 에너지 말이야. 진작에 우리 마그마를 활용할 줄 알았다면 고민이 없었을 텐데. 지금이라도 사람들이 지열 에너지를 이용하는 방법을 찾게 되어 참 다행이야.

지열 에너지는 마그마같이 뜨거운 지구 속의 열을 활용하여 얻는 에너지야.

화산 활동이 활발하고, 온천이 많은 지역어는 뜨거운 온천물이 많이 나와. 사람들은 온천물을 끌어 올려 그대로 쓰기도 하고, 난방하는 데 쓰거나, 발전기를 돌려 전기를 만들기도 해. 만약 땅속

에 물이 부족해서 온천물이 잘 나오지 않으면, 땅을 파고 물을 흘려보내서 따뜻하게 만든 다음 끌어 올려 쓰기도 해.

우리 마그마가 내는 열은 아무리 써도 없어지지 않아. 우리를 뜨겁게 만드는 것이 지구 내부의 열이기 때문이지. 지구 내부의 열이 식으려면 수십억 년이 걸릴 테니 지열 에너지는 끝없이 쓸 수 있어. 게다가 오염 물질도 나오지 않는 깨끗한 에너지이니 이게 바로 일석이조 아니겠어?

하지만 아직은 몇몇 지역에서만 지열 에너지를 활용하고 있어. 지열 에너지를 활용하는 방법이 복잡하고 돈도 많이 들기 때문이지. 그렇지만 사람들이 계속 연구를 하다 보면 좋은 방법을 많이 찾을 수 있겠지? 언젠가는 지열 에너지가 사람들에게 꼭 필요한 에너지가 될 거야!

지진파로 지구 속 모양 알기

화산은 사람들에게 피해도 주지만, 지형도 바꾸고 멋진 볼거리도 만들어 사람들에게 즐거움을 줘. 그럼 지진은 어떨까?

지진은 사람들이 도저히 피할 수 없는 무시무시한 자연재해일 뿐일까? 내가 그렇지 않다고 했지? 지진은 왕성한 지구의 활동에 의해 일어나는 자연 현상이므로, 잘 연구하여 미리 대비해야 한다고 했잖아.

여기서 더 나아가 과학자들은 지진이 일어날 때 생기는 지진파로 지구에 대해 더 많은 것을 알아내고 있어. **지진파**는 지진이 일어날 때 생기는 땅의 흔들림으로, 사방으로 퍼지지.

100년 전 유고슬라비아에 모호로비치치라는 과학자가 살았어. 모호로비치치는 지진파를 연구했지. 그런데 어느 날 땅속 35킬로미터 부근에서 지진파의 속도가 빨라지는 것을 알아냈어. 모호로비치치는 이것을 굉장히 신기하게 생각해서 연구를 시작했어.

그 결과, 지하 약 35킬로미터보다 더 깊은 곳에는 다른 물질이 있다는 사실을 알아냈어. 뭐였을까? 맞아! 처음에 내가 얘기했던 거 기억하니? 그곳은 바로 내 고향 맨틀이야.

지각과 맨틀의 구성 성분이 다르기 때문에 지진파의 속도가 달라진 거지. 한마디로 모호로비치치가 지진파를 연구한 덕분에 지구 속에 여러 층이 있다는 것을 알게 된 거야.

사람들은 모호로비치치의 연구 결과를 기념해서 지각과 맨틀의 경계면을 **모호로비치치 불연속면**이라고 부르기로 했어. 그런데 이름이 너무 길지? 그래서 **모호면**이라고 줄여 부르기도 해.

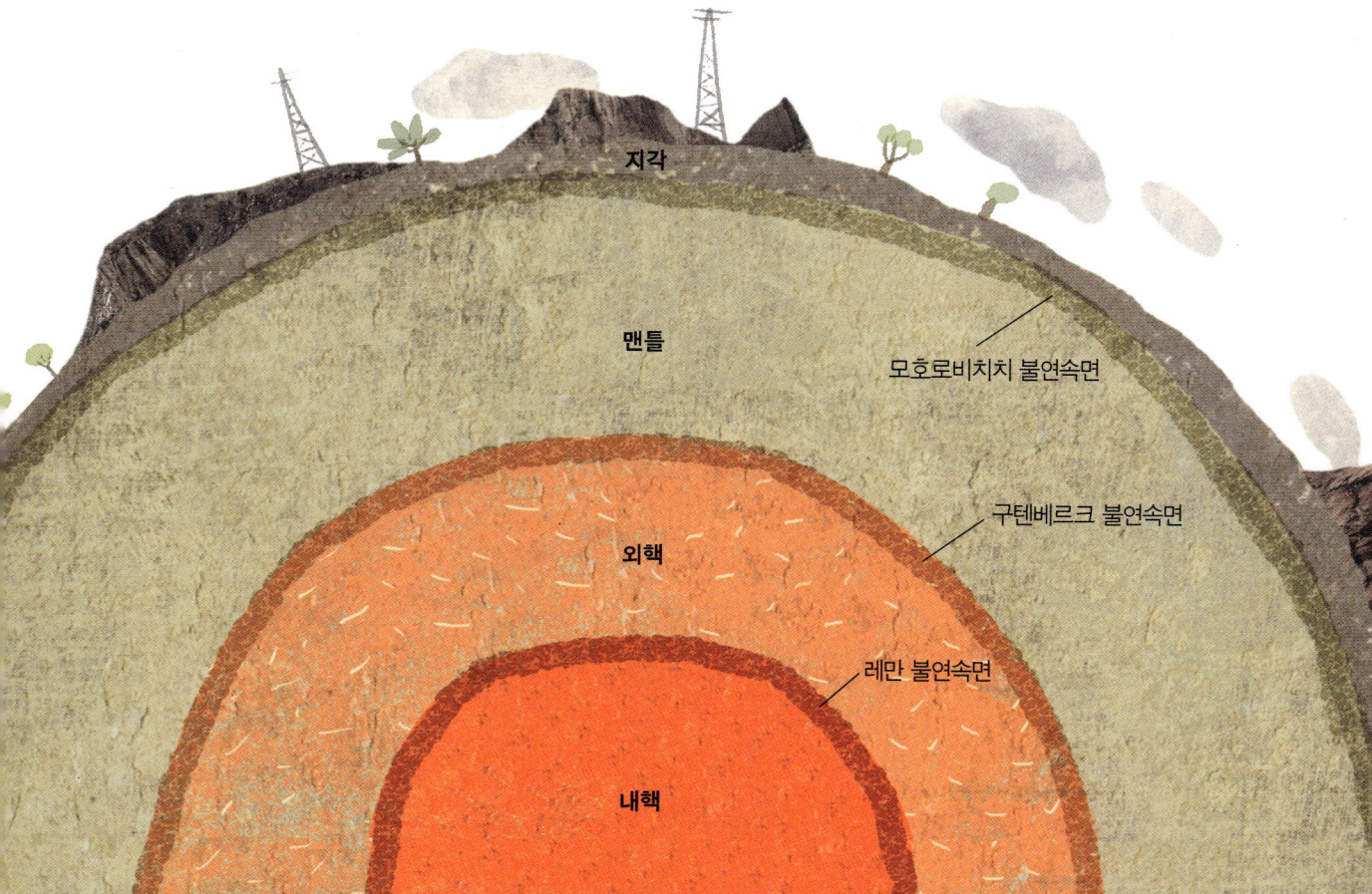

지진파를 이용한 연구는 계속되어 독일의 과학자 구텐베르크가 맨틀과 외핵의 경계를 발견하고, 그 뒤에는 덴마크의 여성 과학자 레만이 외핵과 내핵의 경계를 발견했어. 지구 속은 너무 뜨겁고 깊어서 사람이 들어갈 수는 없지만, 지진파를 이용하여 지구 속이 어떻게 생겼는지 알게 된 거야.

하나 더! 지진파를 이용하면 화산이 언제 폭발할지 알 수도 있어. 화산이 폭발하기 전에는 지표면 아래 있는 마그마가 움직이니까 반드시 땅이 흔들리거든. 즉 지진이 일어나는 거지. 그래서 과학자들은 화산 폭발의 가능성이 있는 곳에 지진파를 측정하는 장치를 설치하여 화산이 언제 폭발할지 살핀단다.

화산·지진과 함께 살아가기

화산과 지진의 피해를 줄이려면 우리 마그마에 대한 관심이 필요해. 우리가 땅속을 여행하다가 땅 밖으로 나오게 되면 분명 지진이나 화산이 발생할 테니까 말이야.

그래서 사람들은 세계적으로 화산과 지진이 많이 일어나는 곳에 연구소를 만들어 우리를 살펴보고 있지. 연구소에서는 매일 땅의 변화를 주의 깊게 관찰하고, 지진파를 측정해. 바닷물의 온도가 갑자기 섭씨 5도 이상 올라가거나, 땅속에서 수증기가 '칙' 하고 올라오거나, 땅의 높이가 전과 달라지면 과학자들은 긴장하기 시작해. 우리 마그마가 활동을 시작했다는 증거니까.

우리 마그마가 땅 위로 올라오면서 주변을 뜨겁게 만들기 때문에 바닷물의 온도가 높아지거나 뜨거운 수증기가 올라온단다. 그리고 땅을 밀어 올리며 올라오기 때문에 갑자기 땅이 높아지거나 기울어지지.

지금부터 화산을 연구한 과학자가 화산 폭발에서 어떻게 사람들을 구했는지 들어 보렴. 2004년 일본 규슈 지방에 있는 아소 산에서 일어난 일이야.

아소 산은 1958년과 1979년에도 폭발해서 많은 사람들이 죽고, 엄청난 피해가 있었어. 그런데 놀랍게도 사람들이 훨씬 더 많이 살게 된 2004년에는 단 한 명도 다치거나 죽지 않았어! 바로 아소 산을 연구하던 과학자 덕분이지. 정말 고마운 일이야.

지금까지 우리 마그마가 무슨 일을 하며, 어떻게 화산과 지진이 생기는지 이야기했어. 네가 보고 느낄 수는 없지만 지구 속에서는 끊임없이 맨틀 물질이 움직이고 있단다. 이러한 맨틀의 대류 덕분에 판이 충돌하고 멀어지기도 하면서 화산과 지진이 활발하게 일어나고 있지.

화산과 지진을 단순히 자연재해로만 생각하지 말아 줘. 다시 강조하지만, 화산과 지진은 지구가 왕성하게 활동하고 있음을 알려 주는 자연 현상이란다. 마그마의 움직임을 잘 연구하면 판들의 움직임을 예측하여 지구의 땅 모양이 미래에 어떻게 변할지 그려 볼 수 있고, 화산과 지진이랑 함께 살아가는 방법도 찾을 수 있어.

뿐만 아니라 우리는 화산섬, 화산 지형, 온천 등의 볼거리부터 지열 에너지에 이르기까지 사람들에게 많은 이로움을 주고 있지.

나의 바람은 사람들이 화산과 지진을 무서워하지 않았으면 하는 거야. 그러려면 앞으로 화산과 지진을 연구하는 과학자가 더 많아져야겠지? 화산과 지진의 피해를 줄이는 방법과 지구에 대한 새

로운 사실을 더 많이 찾아내야 할 테니까.

　친구들! 화산과 지진을 연구하는 과학자가 되어 화산, 지진 그리고 사람이 함께 살아가는 멋진 미래를 만들어 보면 어떨까?

마치며

나와 함께한 지구 여행이 재미있었니?
이제 화산과 지진이 지구의 자연스러운 현상이라는 것을 알았다고?
고마워. 내가 하고 싶은 말은 바로 그거였어.
사람들은 아직도 우리 마그마에 대해 많이 알지 못해.
우리는 사람들이 어디까지 밝혀낼 수 있을지 기대하고 있단다.
그런 날이 곧 올 거라 믿어.
이제 야무진 과학씨로 돌아가야겠어.

다시 만날 때까지, 안녕!

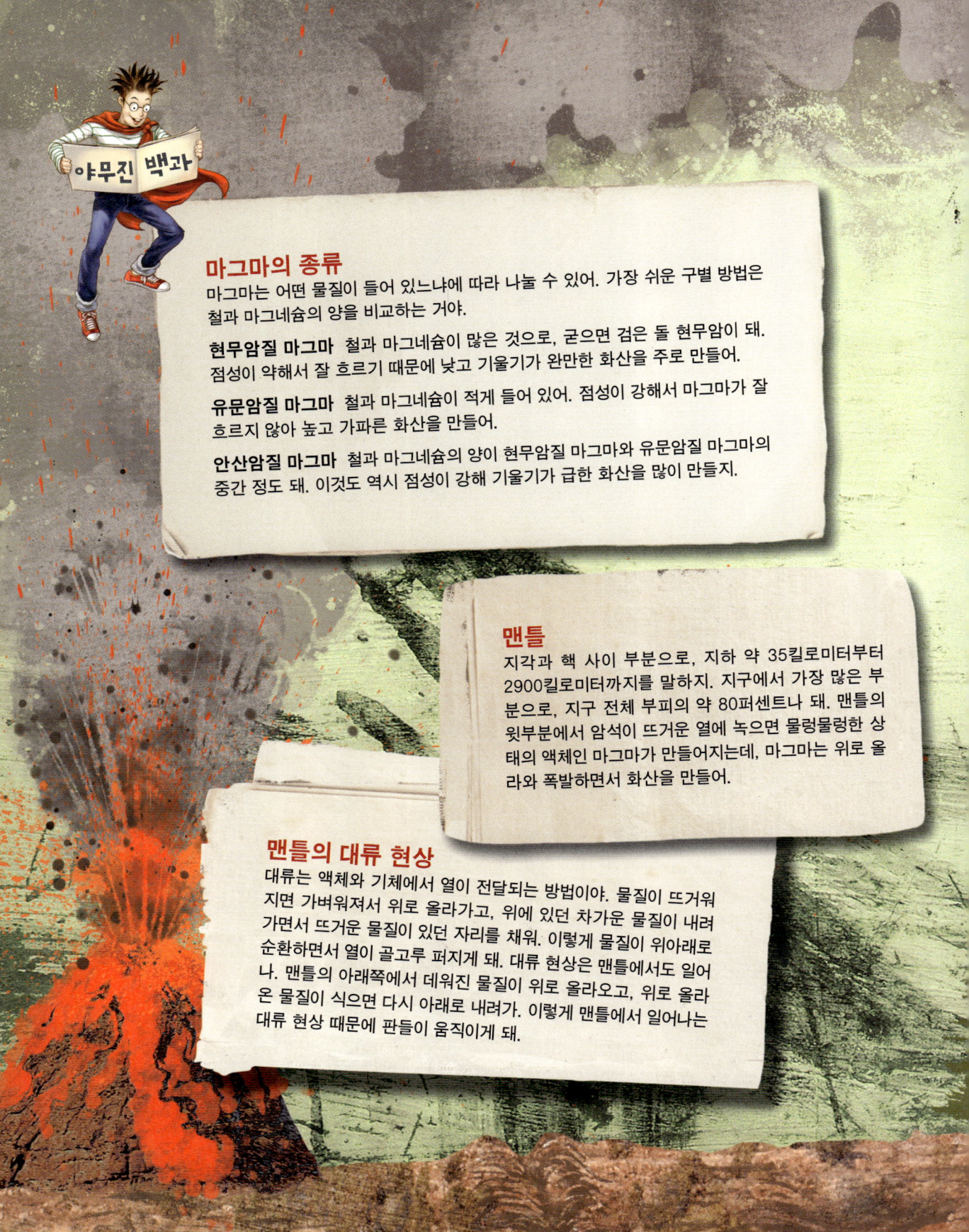

마그마의 종류
마그마는 어떤 물질이 들어 있느냐에 따라 나눌 수 있어. 가장 쉬운 구별 방법은 철과 마그네슘의 양을 비교하는 거야.

현무암질 마그마 철과 마그네슘이 많은 것으로, 굳으면 검은 돌 현무암이 돼. 점성이 약해서 잘 흐르기 때문에 낮고 기울기가 완만한 화산을 주로 만들어.

유문암질 마그마 철과 마그네슘이 적게 들어 있어. 점성이 강해서 마그마가 잘 흐르지 않아 높고 가파른 화산을 만들어.

안산암질 마그마 철과 마그네슘의 양이 현무암질 마그마와 유문암질 마그마의 중간 정도 돼. 이것도 역시 점성이 강해 기울기가 급한 화산을 많이 만들지.

맨틀
지각과 핵 사이 부분으로, 지하 약 35킬로미터부터 2900킬로미터까지를 말하지. 지구에서 가장 많은 부분으로, 지구 전체 부피의 약 80퍼센트나 돼. 맨틀의 윗부분에서 암석이 뜨거운 열에 녹으면 물렁물렁한 상태의 액체인 마그마가 만들어지는데, 마그마는 위로 올라와 폭발하면서 화산을 만들어.

맨틀의 대류 현상
대류는 액체와 기체에서 열이 전달되는 방법이야. 물질이 뜨거워지면 가벼워져서 위로 올라가고, 위에 있던 차가운 물질이 내려가면서 뜨거운 물질이 있던 자리를 채워. 이렇게 물질이 위아래로 순환하면서 열이 골고루 퍼지게 돼. 대류 현상은 맨틀에서도 일어나. 맨틀의 아래쪽에서 데워진 물질이 위로 올라오고, 위로 올라온 물질이 식으면 다시 아래로 내려가. 이렇게 맨틀에서 일어나는 대류 현상 때문에 판들이 움직이게 돼.

열점

열점은 뜨거운 마그마가 솟아오르는 곳이야. 원래 마그마는 판의 경계에서 잘 만들어지는데, 이 밖에도 마그마가 솟아오르는 곳이 또 있거든. 그 지점을 열점이라고 불러. 북태평양에 있는 하와이 섬들, 한라산, 백두산 같은 화산이 바로 열점에서 만들어진 화산이지. 열점은 대개 땅속 아주 깊은 곳에 있어. 전 세계에 140개가 있다고 하지만, 정확한 개수는 아무도 몰라!

용암 동굴

용암이 흐르다가 차가운 공기와 만나 겉만 굳고, 속은 굳지 않은 채로 빠져나가서 생긴 동굴이야. 냉동실에서 얼음이 얼 때도 겉부터 먼저 얼고 나중에 속이 얼잖아? 만약에 겉만 얼었을 때 속에 있는 물을 빼내면, 알맹이는 없이 겉만 있는 빈 상자처럼 되겠지? 용암 동굴이 만들어지는 이치도 이와 같아. 용암의 온도는 섭씨 800도가 넘기 때문에 겉은 급하게 식고 속은 천천히 식어서 용암 동굴이 만들어지는 거야.

지구 밖에 있는 화산

태양계에서 가장 높은 화산은 화성에 있는 올림퍼스 산이야. 높이가 무려 2만 4천미터나 되지. 지구에서 가장 높은 산인 에베레스트 산보다도 3배가량 더 높아. 하지만 올림퍼스 산은 이제 더 이상 화산 활동을 하지 않아. 그럼, 현재 화산 활동이 가장 활발한 천체는 어느 것일까? 목성 주위를 돌고 있는 이오야. 지구를 제외하고 태양계에서 가장 화산 활동이 활발하지.

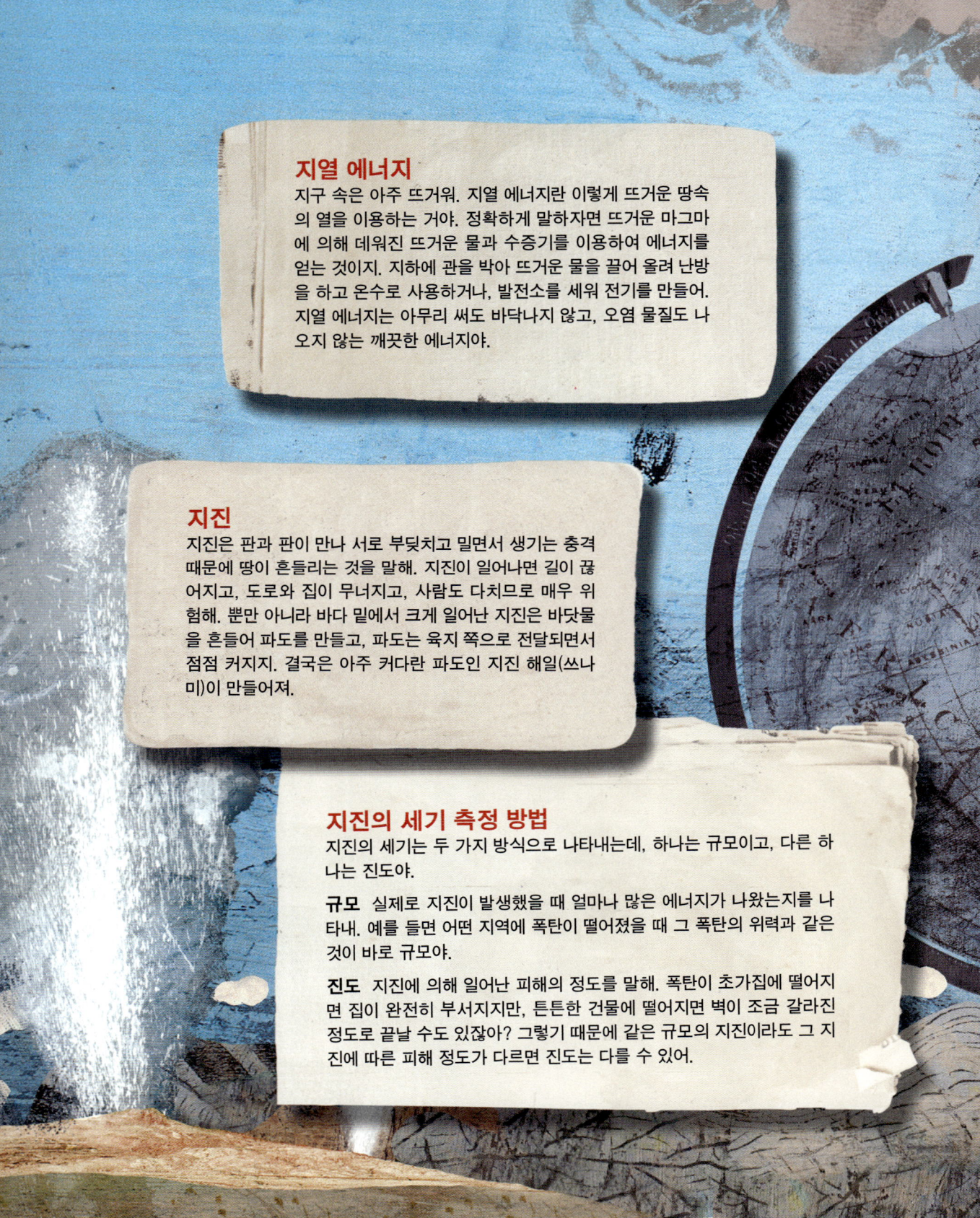

지열 에너지

지구 속은 아주 뜨거워. 지열 에너지란 이렇게 뜨거운 땅속의 열을 이용하는 거야. 정확하게 말하자면 뜨거운 마그마에 의해 데워진 뜨거운 물과 수증기를 이용하여 에너지를 얻는 것이지. 지하에 관을 박아 뜨거운 물을 끌어 올려 난방을 하고 온수로 사용하거나, 발전소를 세워 전기를 만들어. 지열 에너지는 아무리 써도 바닥나지 않고, 오염 물질도 나오지 않는 깨끗한 에너지야.

지진

지진은 판과 판이 만나 서로 부딪치고 밀면서 생기는 충격 때문에 땅이 흔들리는 것을 말해. 지진이 일어나면 길이 끊어지고, 도로와 집이 무너지고, 사람도 다치므로 매우 위험해. 뿐만 아니라 바다 밑에서 크게 일어난 지진은 바닷물을 흔들어 파도를 만들고, 파도는 육지 쪽으로 전달되면서 점점 커지지. 결국은 아주 커다란 파도인 지진 해일(쓰나미)이 만들어져.

지진의 세기 측정 방법

지진의 세기는 두 가지 방식으로 나타내는데, 하나는 규모이고, 다른 하나는 진도야.

규모 실제로 지진이 발생했을 때 얼마나 많은 에너지가 나왔는지를 나타내. 예를 들면 어떤 지역에 폭탄이 떨어졌을 때 그 폭탄의 위력과 같은 것이 바로 규모야.

진도 지진에 의해 일어난 피해의 정도를 말해. 폭탄이 초가집에 떨어지면 집이 완전히 부서지지만, 튼튼한 건물에 떨어지면 벽이 조금 갈라진 정도로 끝날 수도 있잖아? 그렇기 때문에 같은 규모의 지진이라도 그 지진에 따른 피해 정도가 다르면 진도는 다를 수 있어.

판

지구는 지각, 맨틀, 외핵, 내핵으로 이루어져 있어. 그런데 지각과 맨틀의 윗부분은 딱딱하고, 그 아랫부분은 조금 물렁해. 여기서 지각과 맨틀 윗부분, 즉 딱딱한 부분을 묶어서 판이라고 불러. 지구 표면은 여러 개의 판으로 이루어져 있고, 판들은 1년에 평균 3센티미터 정도로 아주 천천히 움직여. 판들이 움직이면 판과 판의 경계에서 화산과 지진이 일어나지.

해령

바다 밑에 해저 화산이 줄지어 모여 있는 것을 해령이라고 해. 해령은 판과 판이 만나는 경계이기 때문에 해령의 가운데에서는 늘 화산이 폭발해서 용암이 흘러나오고 있어. 이렇게 흘러나온 용암이 굳으면 바닷속에 새로운 땅이 생기지. 1950년대 해양 탐사선이 해령을 발견하기 전까지, 바닷속에서 화산이 폭발하는 것을 알지 못했어.

화산

땅속에 있던 마그마가 위로 솟아오르는 곳을 가리키기도 하고, 폭발하면서 나온 화산 분출물이 쌓여 만들어진 산을 말하기도 해. 화산을 영어로는 볼케이노(volcano)라고 해. 이것은 로마의 신화에 나오는 불의 신 불칸(Vulcan)에서 유래된 거야.

작가의 말

> "화산과 지진은 지구가 왕성하게
> 활동하여 생기는 자연 현상이에요."

지금부터 100년 전에 지구 물리학자인 알프레드 베게너는 "대륙이 움직인다."고 주장했어요. 세상 사람들은 말도 안 된다며 그를 비웃었지요. 하지만 베게너는 포기하지 않고 꾸준히 증거를 찾았어요.
베게너의 주장으로 다른 과학자들도 관심을 갖고 이를 연구하기 시작했어요. 꾸준히 연구한 결과 맨틀의 대류가 땅을 움직이는 힘이라는 것, 바닷속에 있는 화산 산맥인 해령을 중심으로 땅이 서로 반대 방향으로 움직이는 것을 발견했지요.

결국 지구의 표면은 판이라는 조각으로 갈라져 있고, 판은 맨틀의 대류를 따라 움직이고 있다는 생각을 모두가 인정하게 된 거예요! 그 때문에 오랜 시간에 걸쳐 대류가 움직일 수 있었던 거죠.
호기심과 믿음, 인내를 가지고 꾸준히 연구한 사람들 덕분에 지난 100년 동안 지구에 대해 새롭고 놀라운 사실을 많이 알게 되었어요. 물론 화산과 지진에 대해서도 더 잘 이해하게 되었죠.

이 책을 읽은 여러분은 이제 화산 폭발이나 지진 소식을 들으면 매그와의 여행이 떠오를 거예요. 그리고 지구가 아직도 왕성하게 활동하고 있다는 것도 다시 한 번 생각하겠지요. 물론 화산과 지진이 단순한 자연재해가 아니라, 지구 속의 열에 의해 일어나는 자연 현상이라는 것도 기억해야겠죠?

지구 속은 아주 뜨거워요. 그리고 알쏭달쏭 모르는 것도 많지요. 지구 속 어느 곳은 주변보다 더 뜨거운데, 또 어느 곳은 덜 뜨거워요. 맨틀의 윗부분은 고체인데도 대류 현상이 일어나고요. 왜냐고요? 그걸 잘 모르겠단 말이죠. 언제쯤 지구가 감추고 있는 비밀이 모두 밝혀질는지…….

그래서 지구를 알아 가는 여행은 늘 새롭고, 컴퓨터 게임이나 오락보다 재밌답니다. 여러분, 주변에서 일어나는 자연 현상에 관심을 가져 보세요. 그리고 왜 그런지 곰곰 생각해 보세요. 그게 바로 과학이에요! 앞으로도 지구를 탐구하는 과학 여행을 계속하길 바라며, 우리의 여행은 여기서 끝~.

한성진
신현정

사진 제공
- 연합뉴스

일러두기
- 맞춤법, 띄어쓰기는 국립국어원에서 펴낸 《표준국어대사전》을 기준으로 삼았습니다.
- 외국 인명, 지명은 국립국어원의 《외래어 표기 용례집》을 따랐습니다. 《외래어 표기 용례집》에 나오지 않는 인명, 지명은 현지음에 가깝게 적었습니다.